Karl-Heinz Keller

Am Geo-Brett
Geometrie entdecken

Ein Grundkurs in Geometrie

Name: _____

Klasse: _____

Bestell-Nr. 250-20 · ISBN 978-3-619-02520-6

© 2002 Mildenberger Verlag GmbH, 77652 Offenburg
Internetadresse: www.mildenberger-verlag.de

Auflage	Druck	8	7	6	5
Jahr		2010	2009	2008	2007

Druck: VVA GmbH, Wesel Kommunikation, 76534 Baden-Baden
Gedruckt auf umweltfreundlichen Papieren

Mildenberger Verlag

1. Figuren spannen und zeichnen

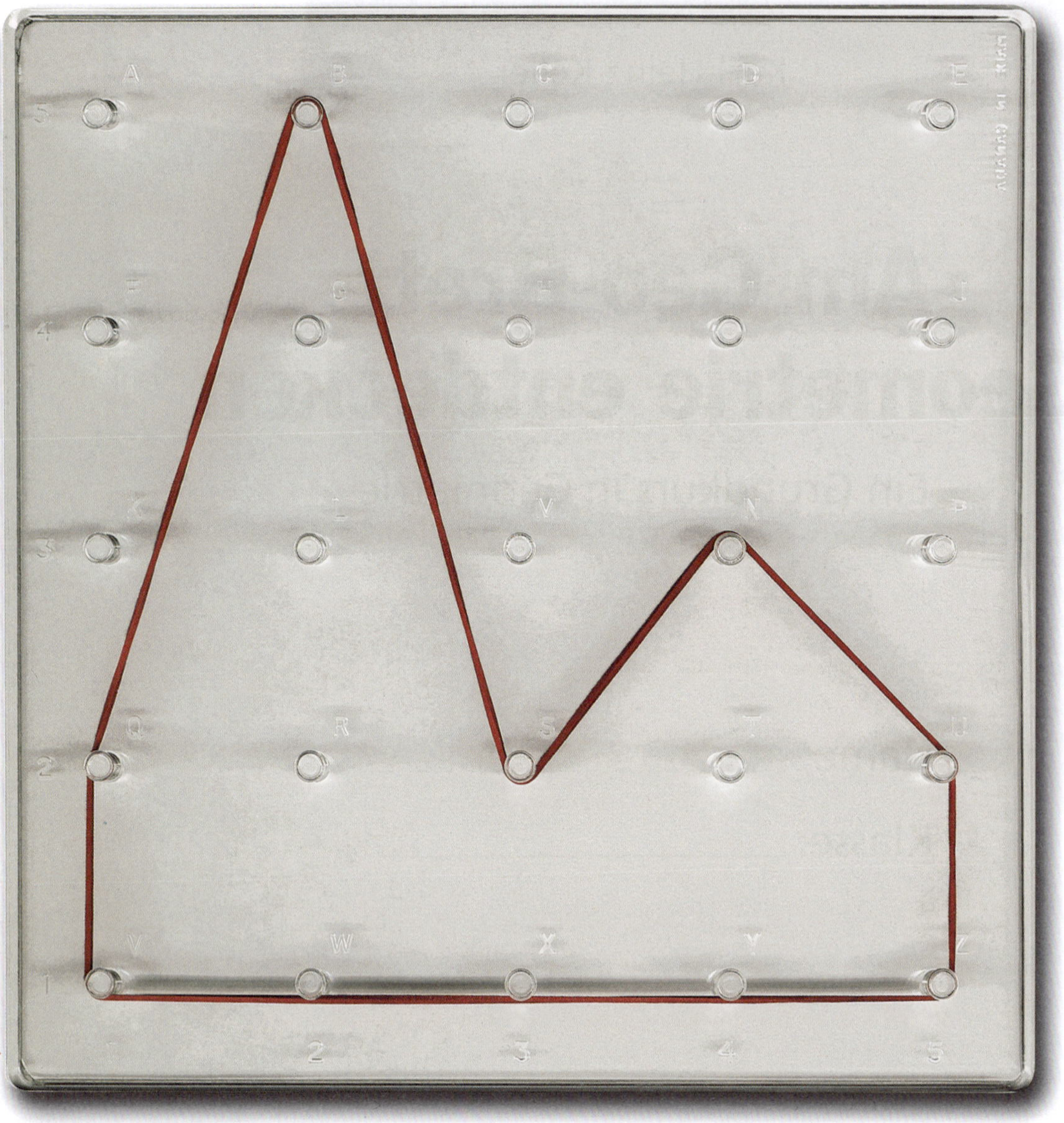

Spanne diese Figur auf deinem Geo-Brett.
Welchen Gummi wählst du?

Zeichne dann die Figur zuerst in das große und danach in das kleine Feld.
Verwende zum Zeichnen das Lineal. Zeichne immer so sorgfältig wie möglich.

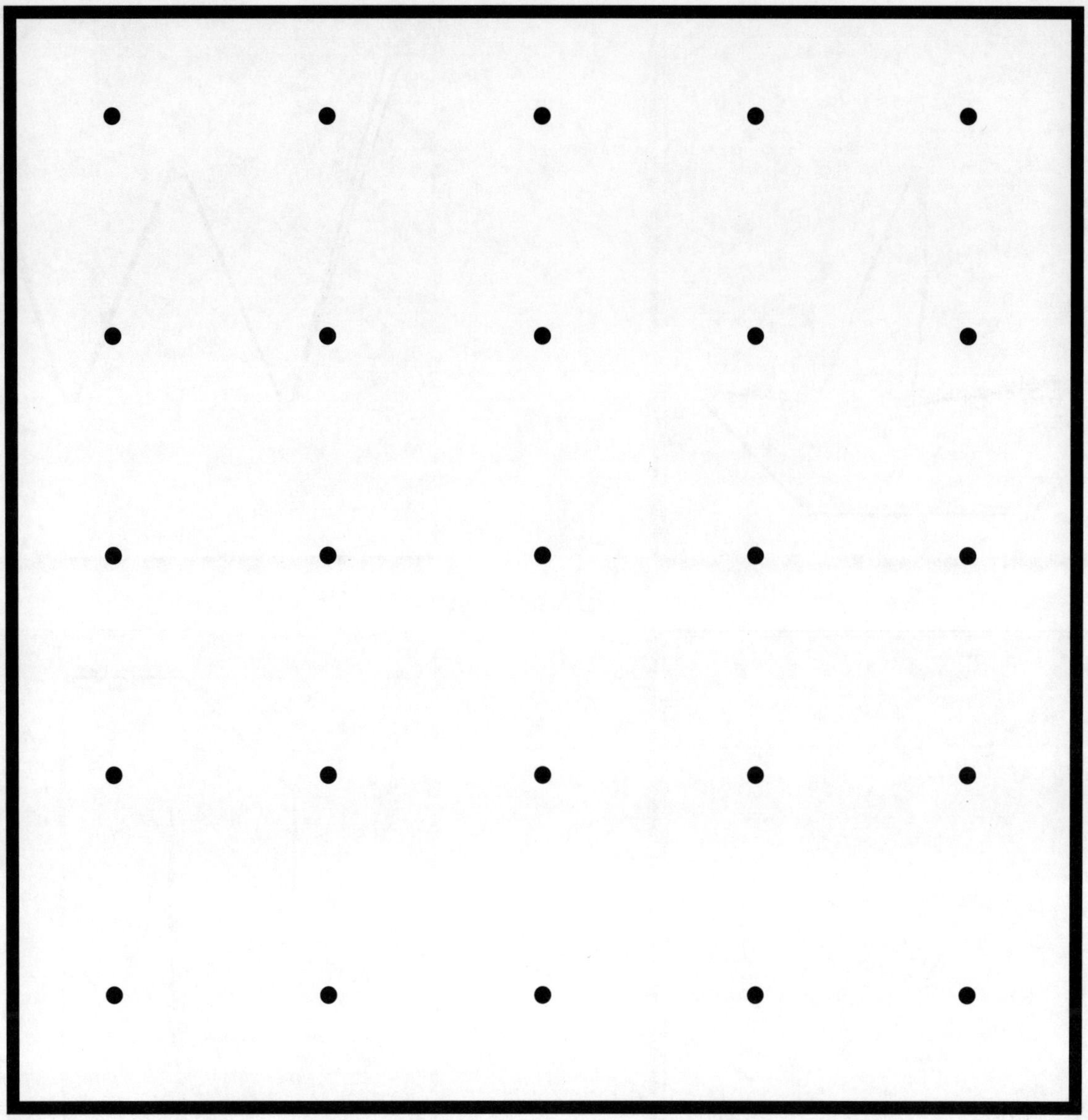

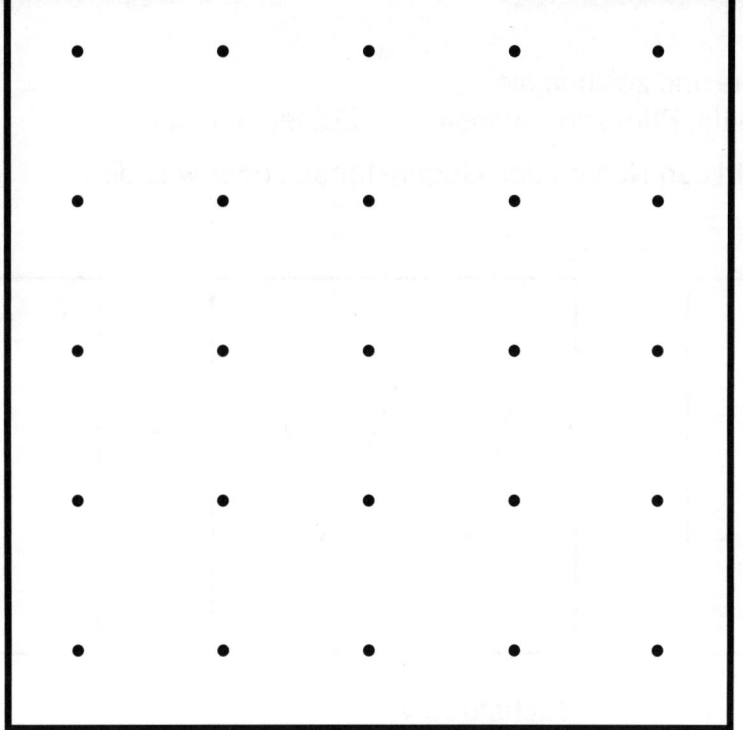

2. Figuren erfinden, spannen und zeichnen

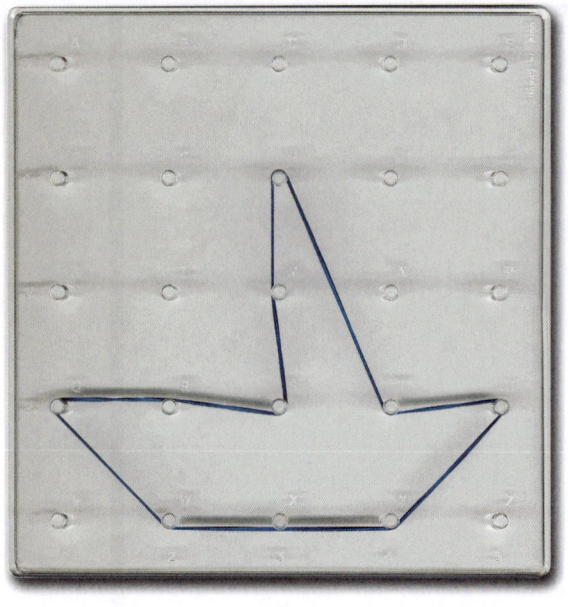 

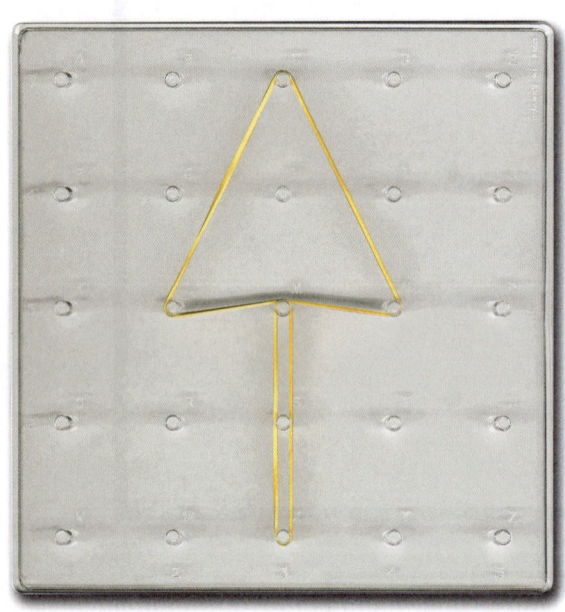 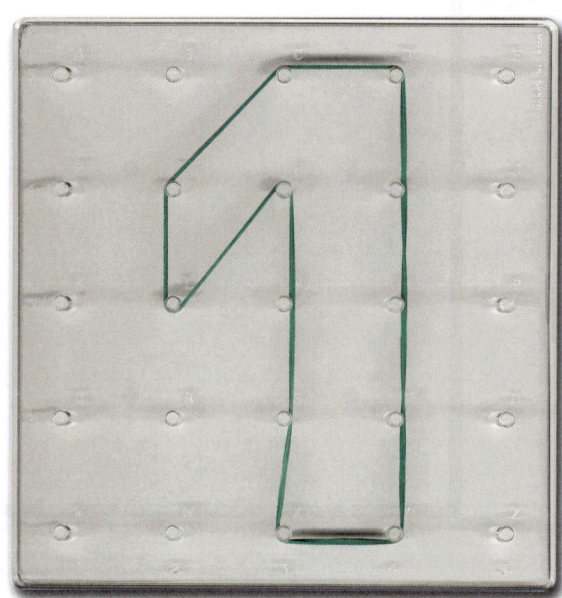

Erfinde Figuren, spanne und zeichne sie.
Denke an Häuser, Schiffe, Pflanzen, Buchstaben, Zahlen, Muster …

Schreibe unter dein Bild den Namen des Gegenstandes oder was dir
besonders auffällt.

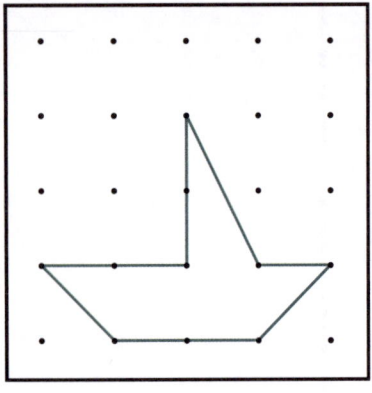 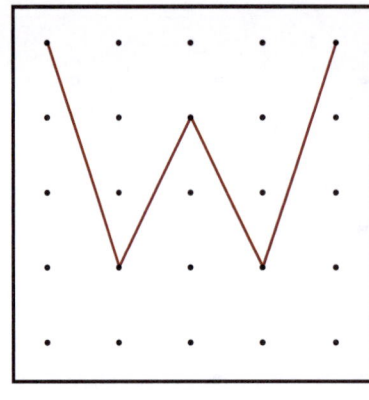 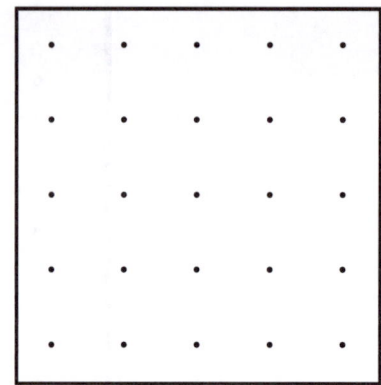

Schiff, 7 Ecken   Buchstabe W   _____

2. Figuren erfinden, spannen und zeichnen

3. Formen erkennen und genau darstellen

①

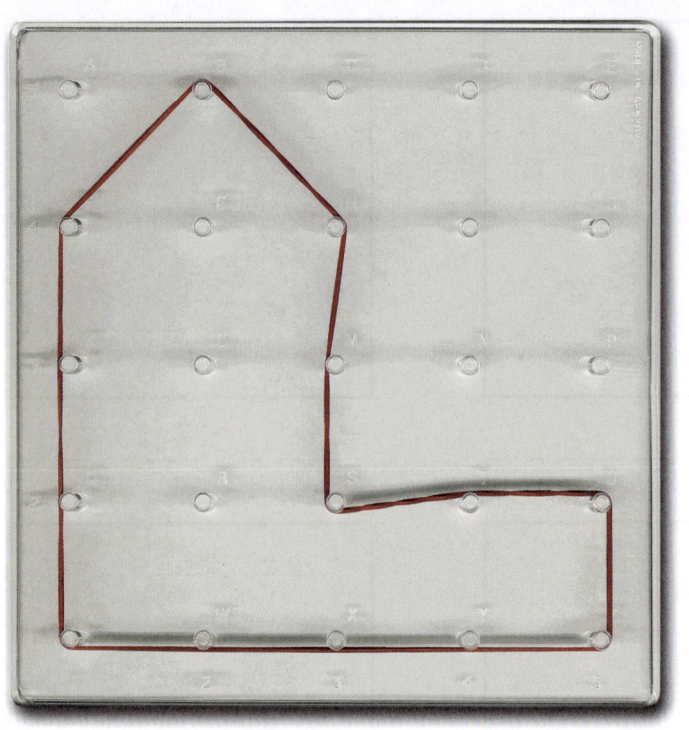

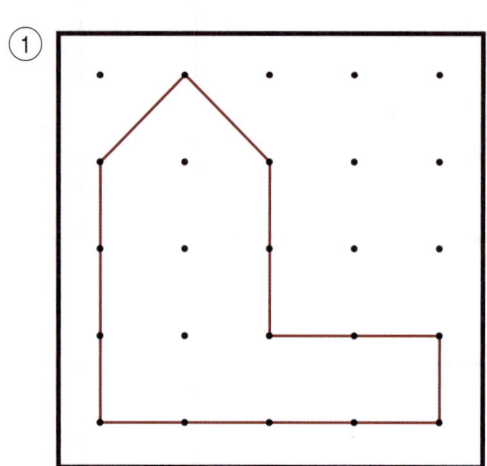

Spanne und zeichne die Figuren 1 bis 18.
Verwende zum Spannen jeweils nur einen Gummi.
Benütze zum Zeichnen das Lineal. Zeichne so sorgfältig wie möglich.

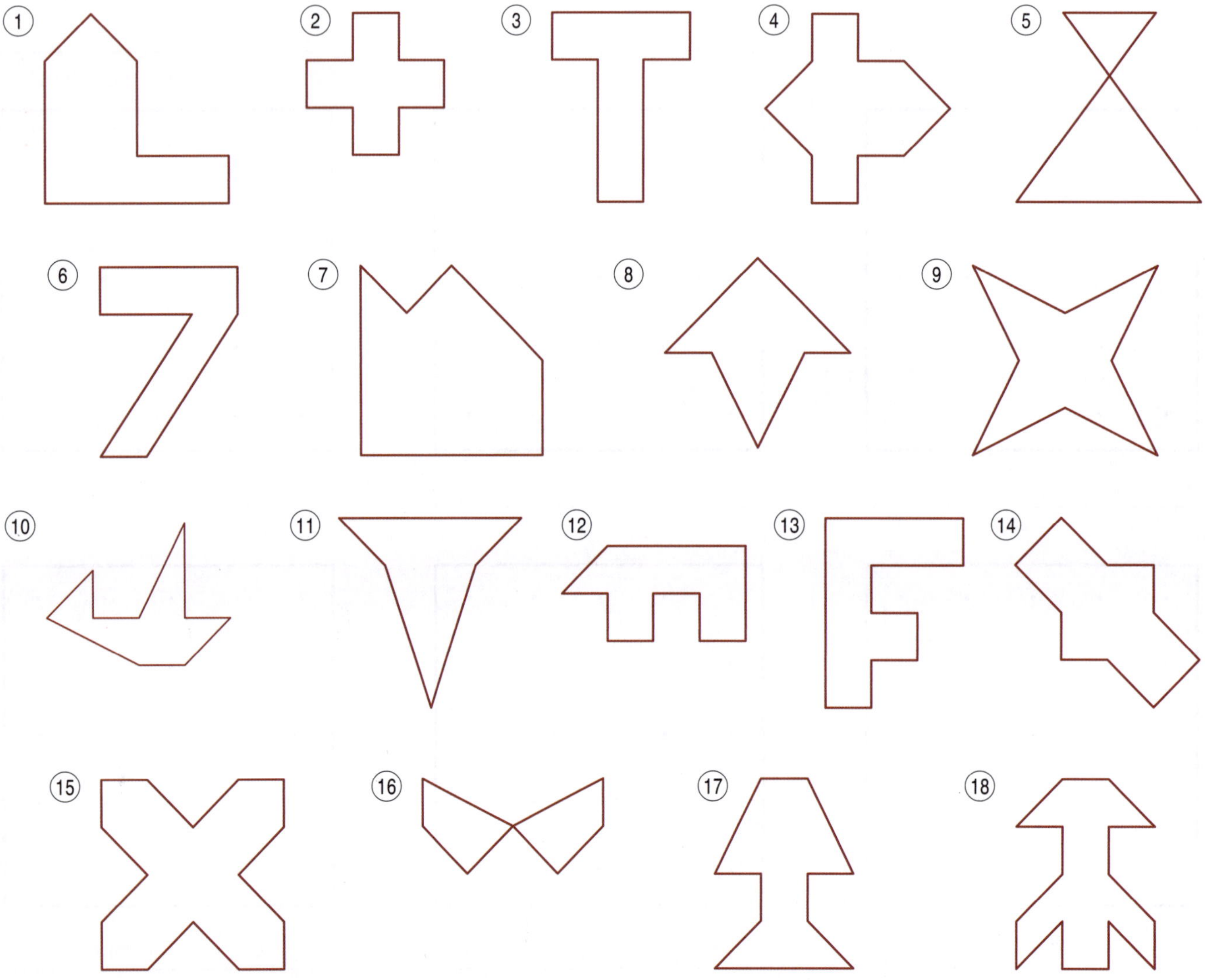

4. Kurze und lange Wege

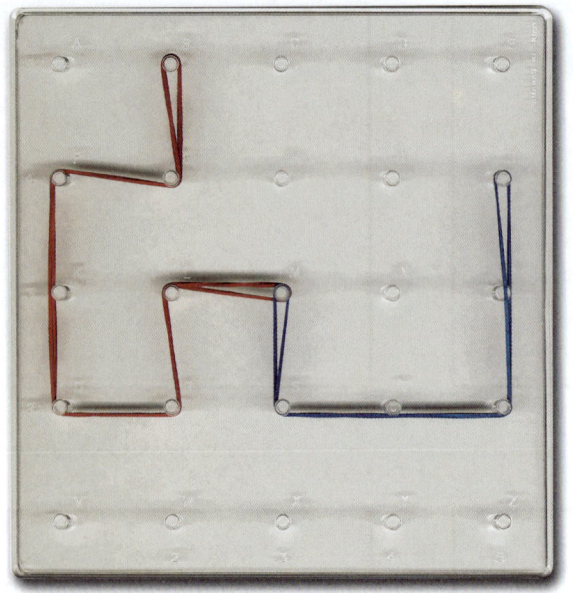

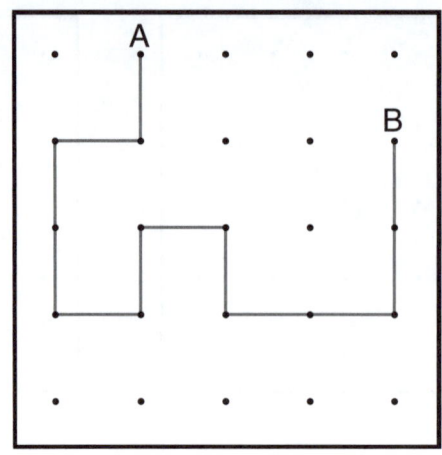

Länge des Weges: 12 kuV

Zum Spannen von Wegen benötigst du meist mehrere Gummis.
Im Beispiel wurden für den Weg von A nach B zwei Gummis gespannt.

Spanne und zeichne mehrere verschiedene Wege von A nach B.
Führe deine Wege wie im Beispiel nur über kurze Verbindungen (kuV).

Beispiele:

2 kurze Verbindungen (kuV)

2 lange Verbindungen (laV)

Schreibe jeweils die Länge des Weges (Zahl der kuV) unter dein Bild.

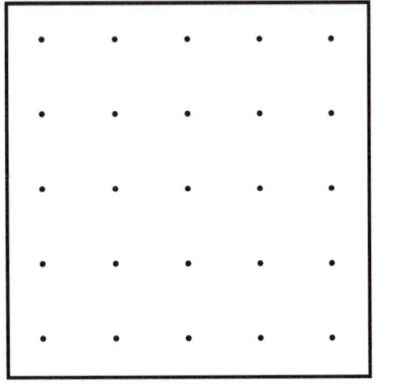

Länge des Weges:

_____

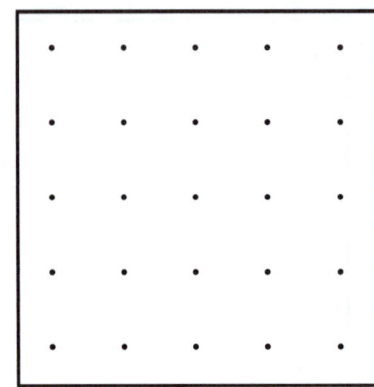

_____

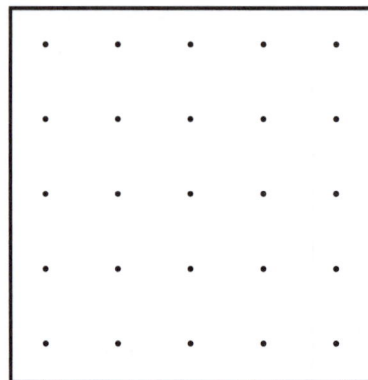

_____

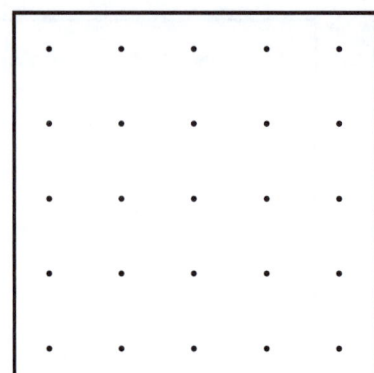

_____

Länge des Weges:

4. Kurze und lange Wege

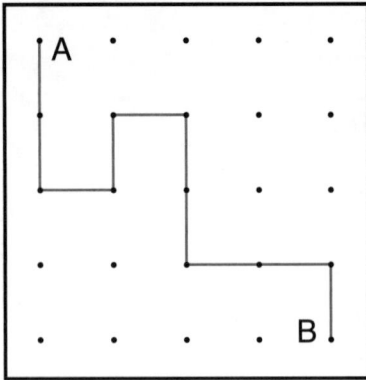

Länge: 10 kuV

① Spanne den kürzesten Weg von A nach B (mehrere Möglichkeiten) und zeichne ihn. Schreibe die Länge des Weges (kuV) dazu.

② Spanne den längsten Weg (mehrere Möglichkeiten). Schreibe jeweils wieder die Länge der Wege auf.

③ Suche einen Weg, der jeden Punkt genau einmal berührt.

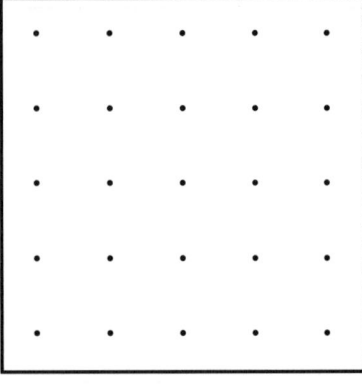

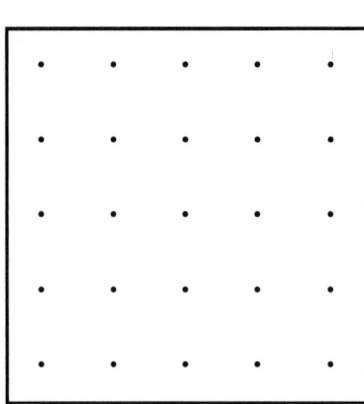

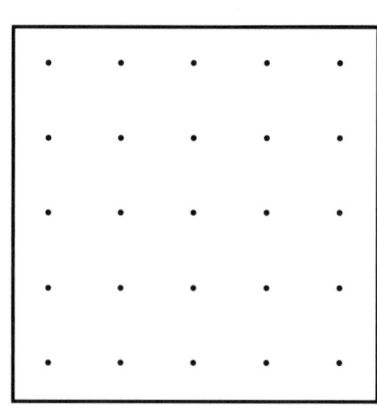

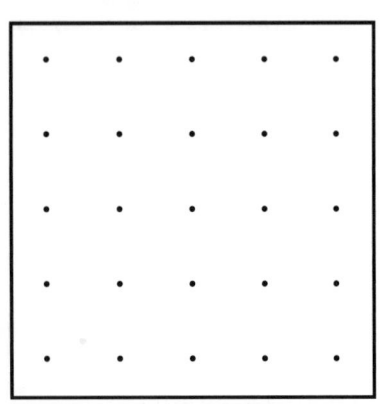

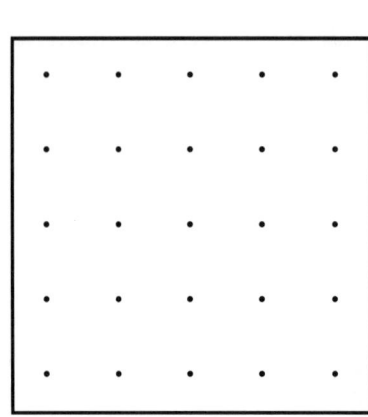

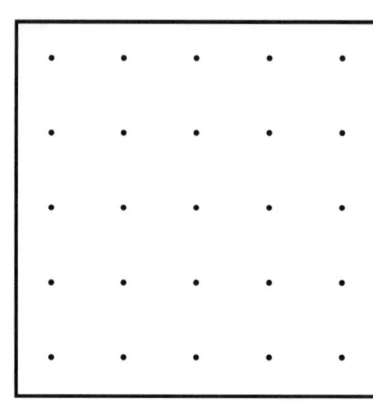

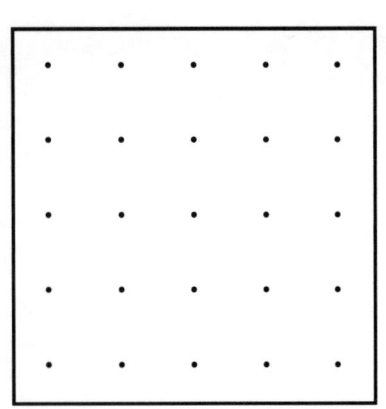

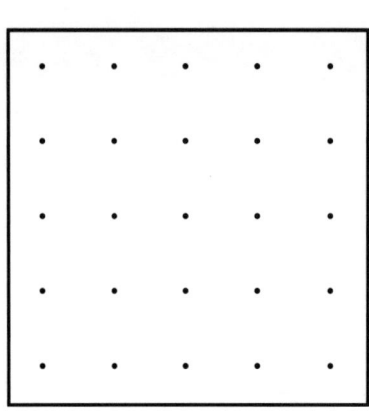

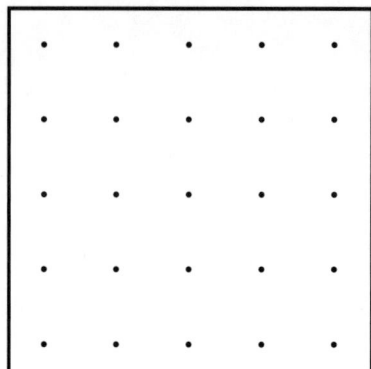

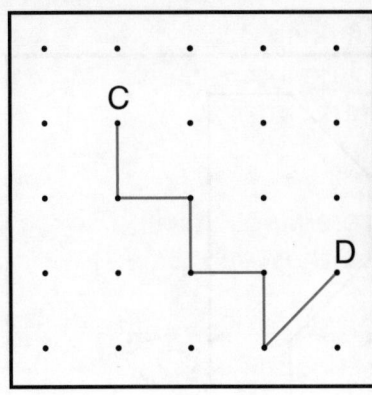

Länge: 5 kuV + 1 laV

① Spanne verschiedene Wege von C nach D. Du darfst **eine** lange Verbindung (laV) einbauen.

② Spanne den kürzesten und den längsten Weg nur mit kurzen Verbindungen.

③ Versuche einen Weg von C nach D zu finden, der alle Punkte genau einmal berührt. Spanne nur kurze Verbindungsstücke. Was stellst du fest?

④ Spanne und zeichne einen Weg von C nach D, der alle Punkte einmal berührt. Du darfst **eine** lange Verbindung verwenden.

5. Vielecke spannen und untersuchen

A

B

C

Punkte: 6/2
Fünfeck

Punkte: 4/2
Dreieck

Punkte: 10/2
Siebeneck

① Vergleiche die Figuren A, B, C. Was haben sie gemeinsam? Was ist verschieden?

② Spanne und zeichne möglichst viele verschiedene Figuren, die 2 Punkte im Innern haben. Schreibe jedes Mal auf wie viele Punkte auf dem Rand sind, d. h. vom Gummi berührt werden. Schreibe auch den Namen der Figur dazu. (Dreieck, Viereck, Fünfeck, Sechseck, Siebeneck …)

Punkte:

Punkte:

Punkte:

Punkte:

Punkte:

Punkte:

16

Punkte: _____

_____

Punkte: _____

_____

Punkte: _____

_____

Punkte: _____

_____

Punkte: _____

_____

Punkte: _____

_____

Punkte: _____

_____

Punkte: _____

_____

Punkte: _____

_____

6. Figuren mit 0 Punkten im Innern

Punkte: 7/0

Viereck

Punkte: 8/0

Viereck

Punkte: 5/0

Dreieck

① Spanne und zeichne möglichst viele verschiedene Figuren mit 0 Punkten im Innern.

② Versuche auch Fünfecke und Sechsecke mit 0 Punkten im Innern zu spannen.

Punkte:

Punkte:

Punkte:

Punkte:

Punkte:

Punkte:

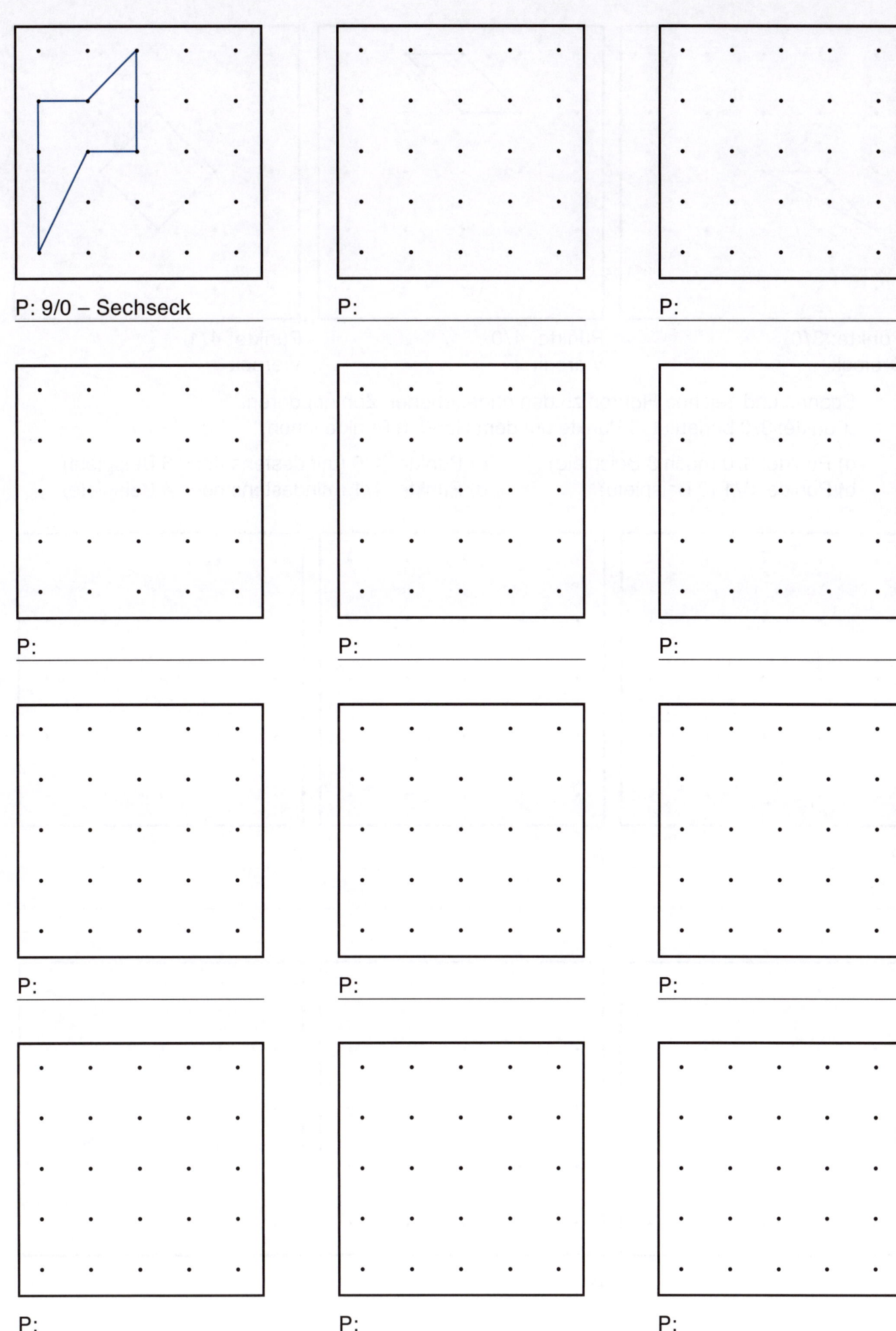

P: 9/0 – Sechseck

P:

P:

P:

P:

P:

P:

P:

P:

P:

P:

P:

7. Vielecke mit einer bestimmten Größe

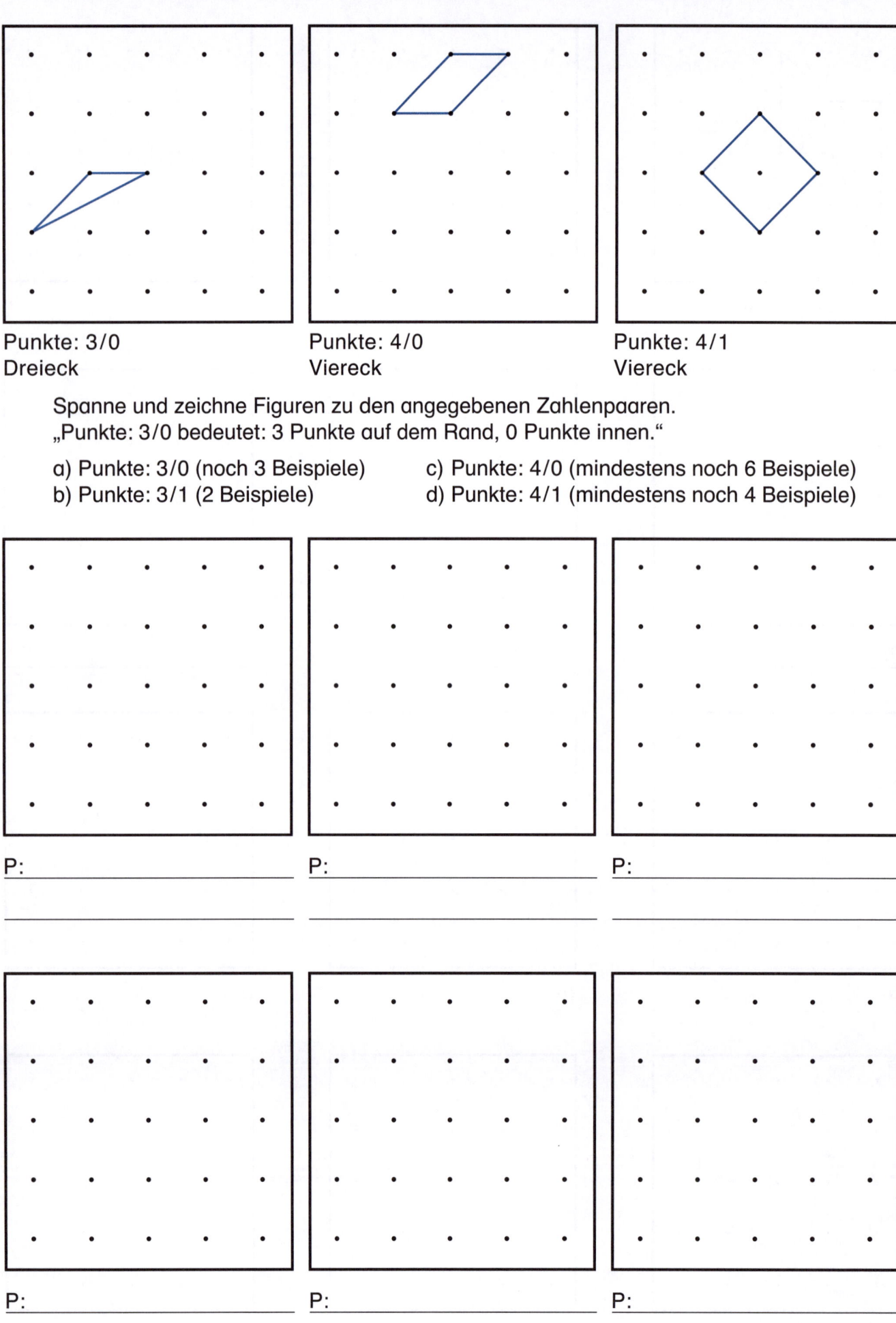

Punkte: 3/0
Dreieck

Punkte: 4/0
Viereck

Punkte: 4/1
Viereck

Spanne und zeichne Figuren zu den angegebenen Zahlenpaaren.
„Punkte: 3/0 bedeutet: 3 Punkte auf dem Rand, 0 Punkte innen."

a) Punkte: 3/0 (noch 3 Beispiele)

c) Punkte: 4/0 (mindestens noch 6 Beispiele)

b) Punkte: 3/1 (2 Beispiele)

d) Punkte: 4/1 (mindestens noch 4 Beispiele)

P:

P:

P:

P:

P:

P:

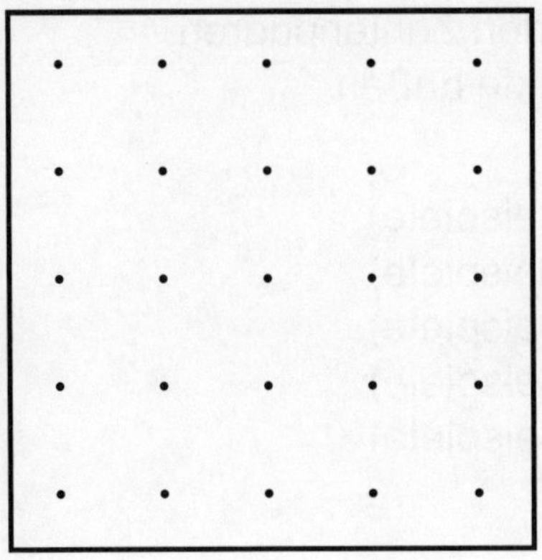

P: _____

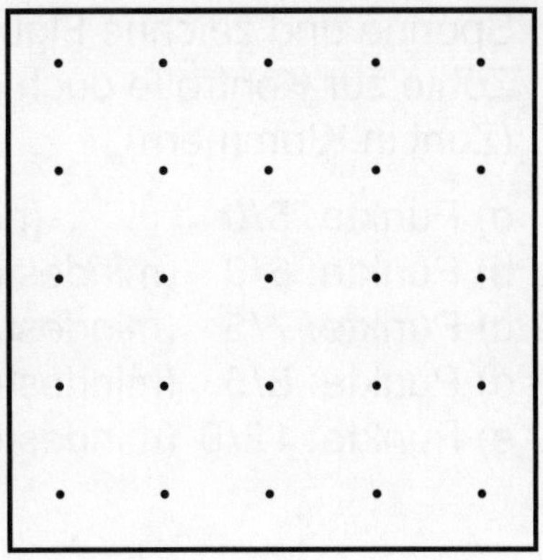

P: _____

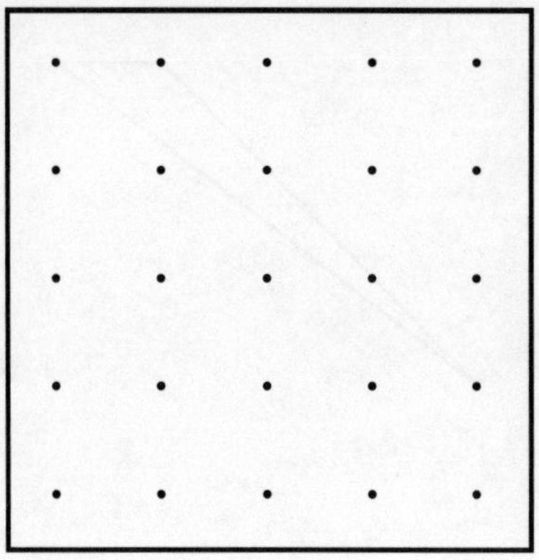

P: _____

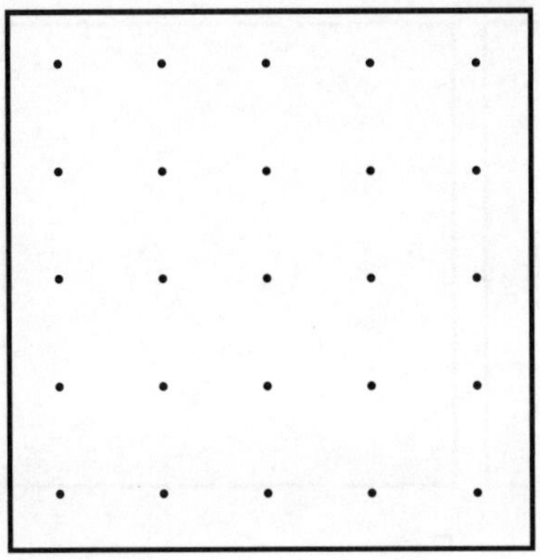

P: _____

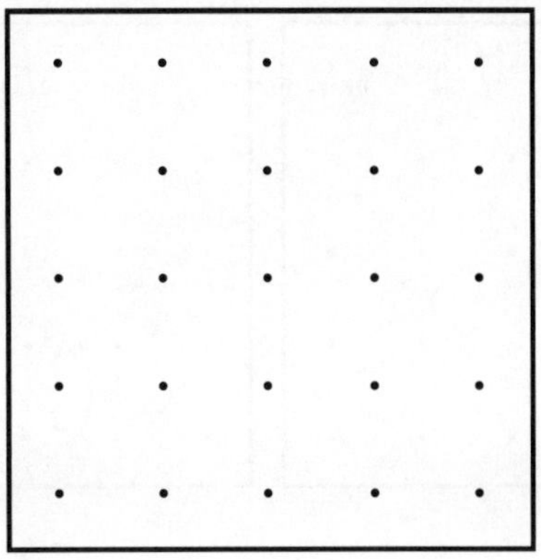

P: _____

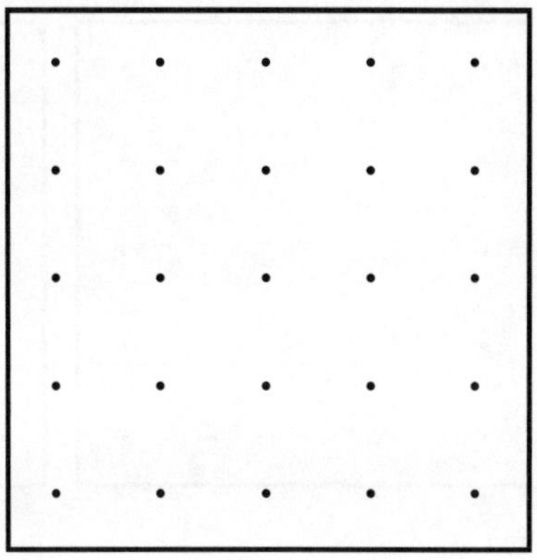

P: _____

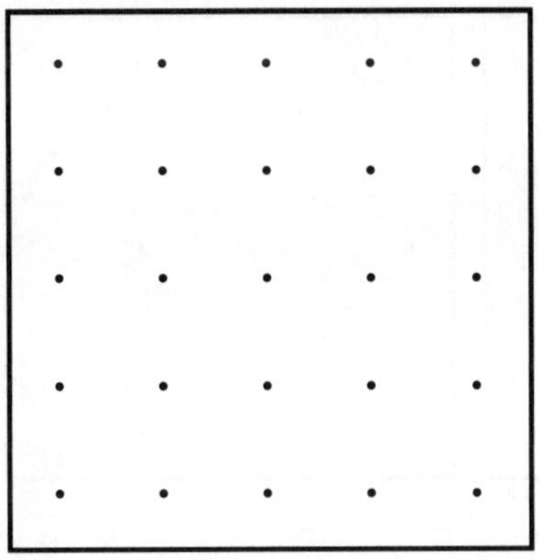

P: _____

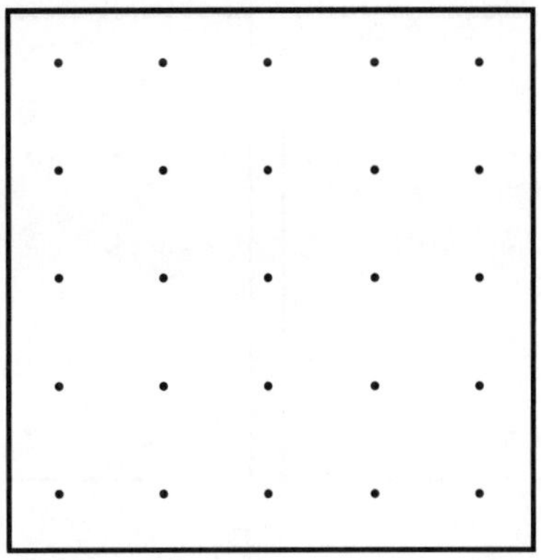

P: _____

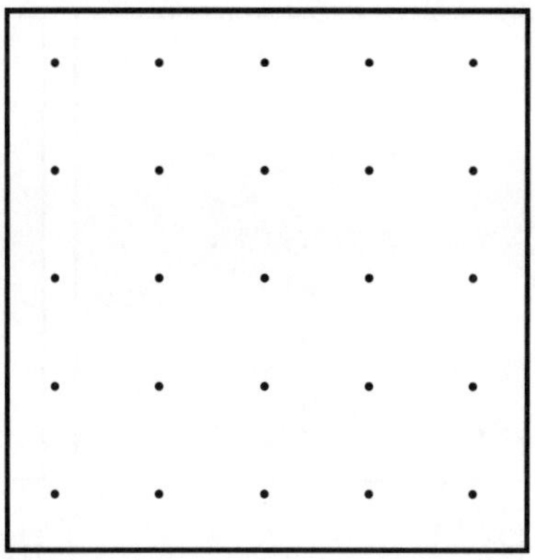

P: _____

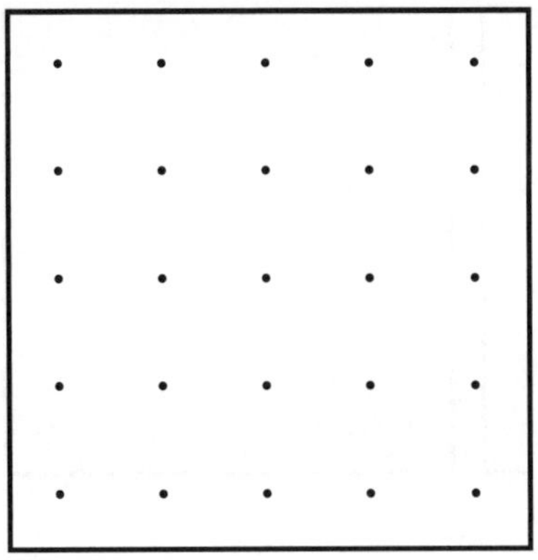

P: _____

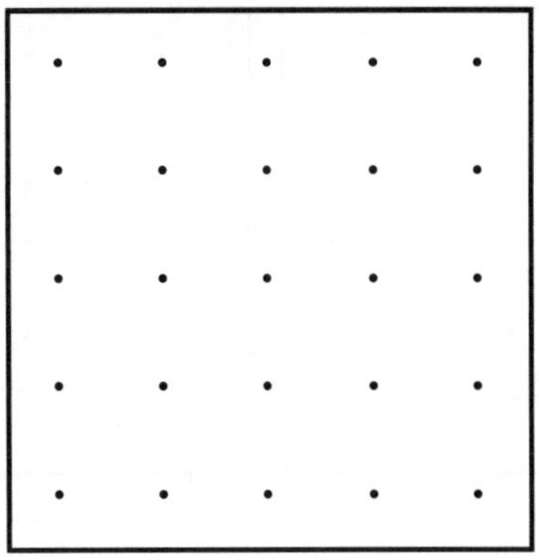

P: _____

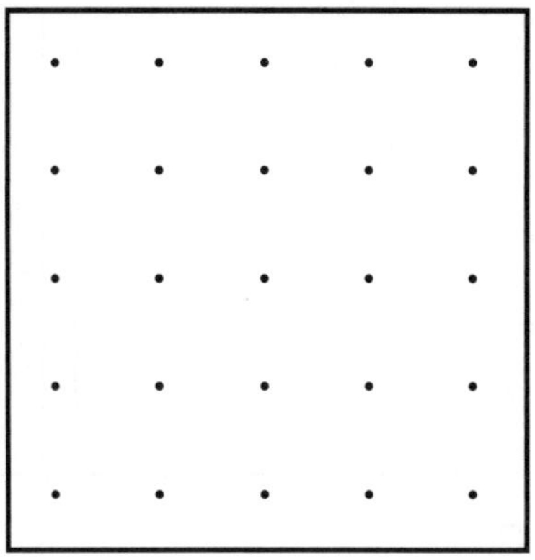

P: _____

7. Vielecke mit einer bestimmten Größe

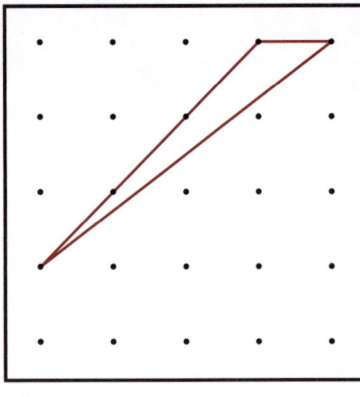

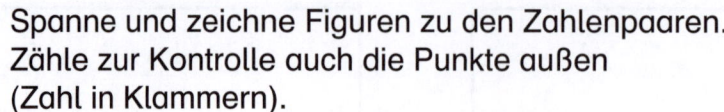

Spanne und zeichne Figuren zu den Zahlenpaaren.
Zähle zur Kontrolle auch die Punkte außen
(Zahl in Klammern).

a) Punkte: 5/0   (noch 5 Beispiele)
b) Punkte: 6/0   (mindestens 8 Beispiele)
c) Punkte: 7/5   (mindestens 4 Beispiele)
d) Punkte: 8/5   (mindestens 4 Beispiele)
e) Punkte: 12/9 (mindestens 4 Beispiele)

Punkte: 5/0 – (Außen 20 P.)
Dreieck

P: _____   P: _____   P: _____   P: _____

P: _____   P: _____   P: _____   P: _____

P: _____   P: _____   P: _____   P: _____

P:

P:

P:

P:

P:

P:

P:

P:

P:

P:

P:

P:

P:

P:

P:

P:

8. Figuren in verschiedenen Lagen – Figuren verschieben

Eine Figur kannst du nach links, rechts, oben, unten … verschieben.
Die Figur bleibt dabei gleich, es ändert sich nur die Lage.
Spanne und zeichne die Figur A in den verschiedenen Lagen.

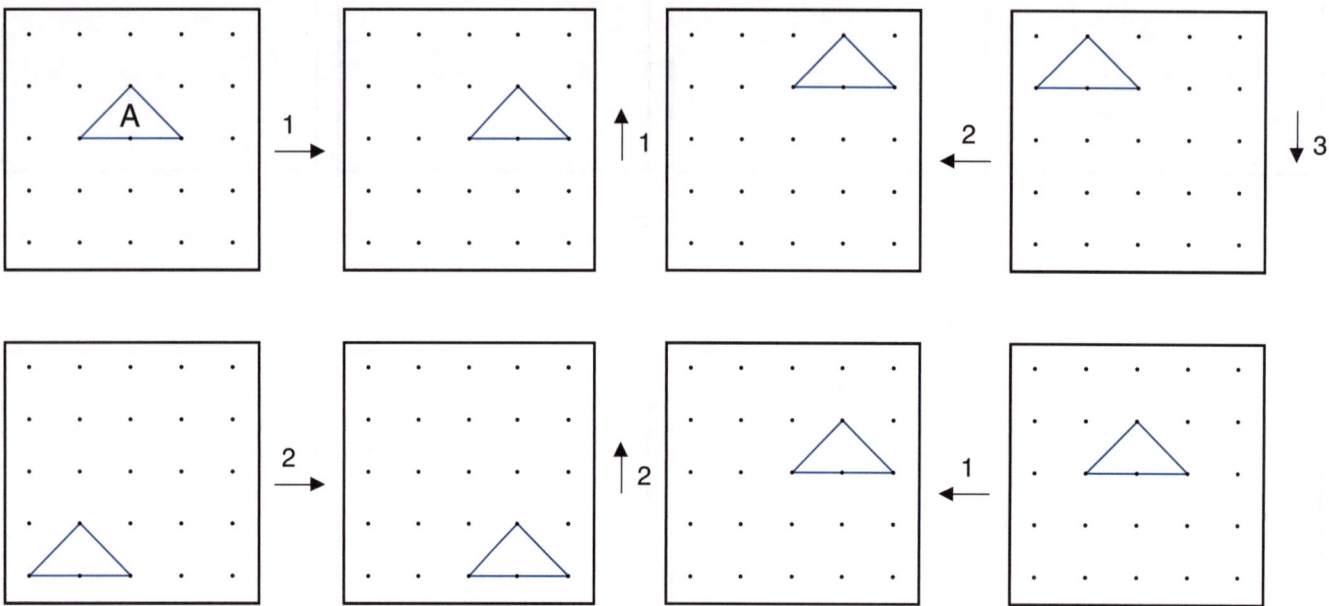

Spanne und zeichne Figur B.
Führe die angegebenen Verschiebungen durch.
Erfinde dann weitere Verschiebungen.

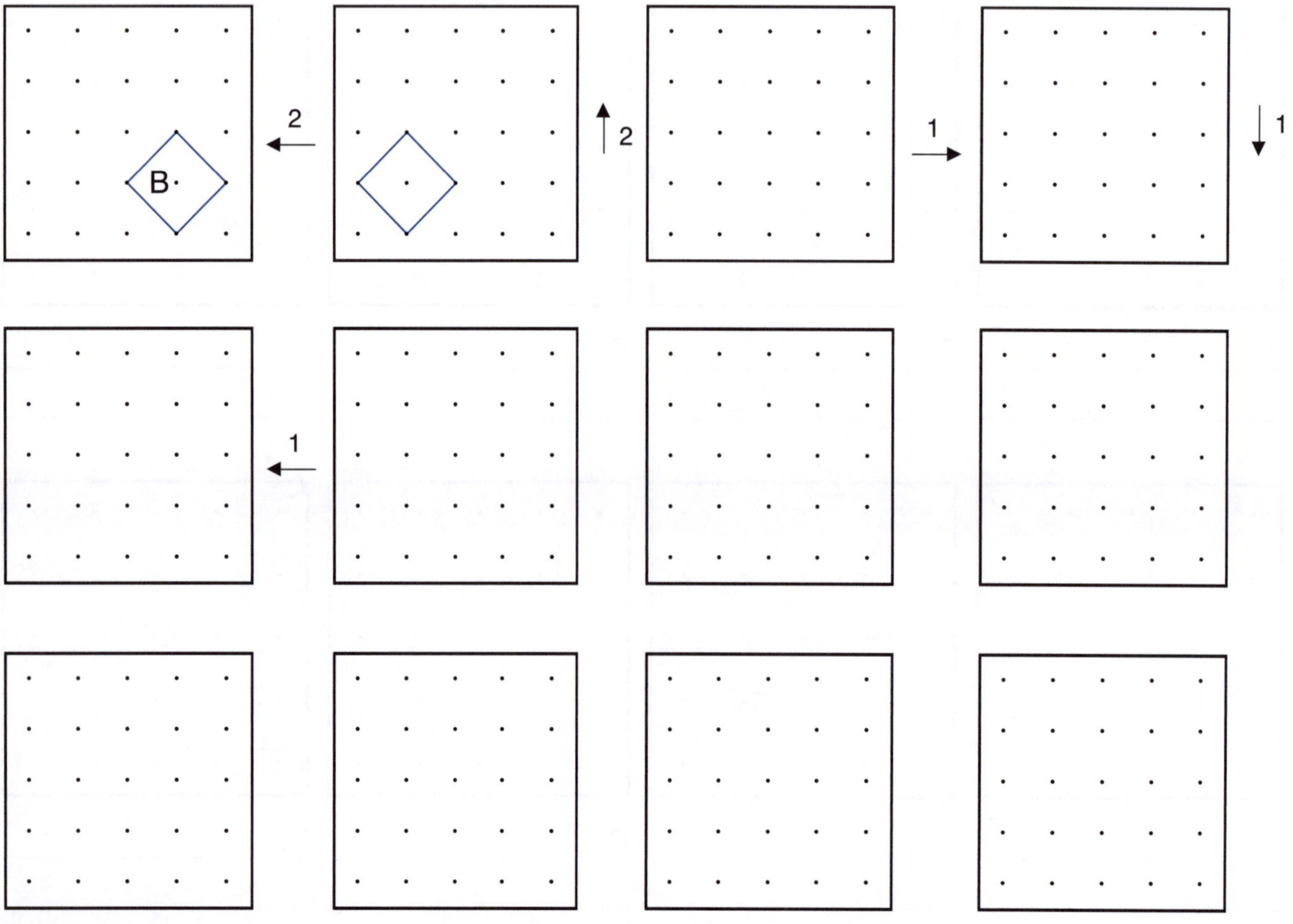

Spanne und zeichne Figur C.
Führe die Verschiebungen durch.

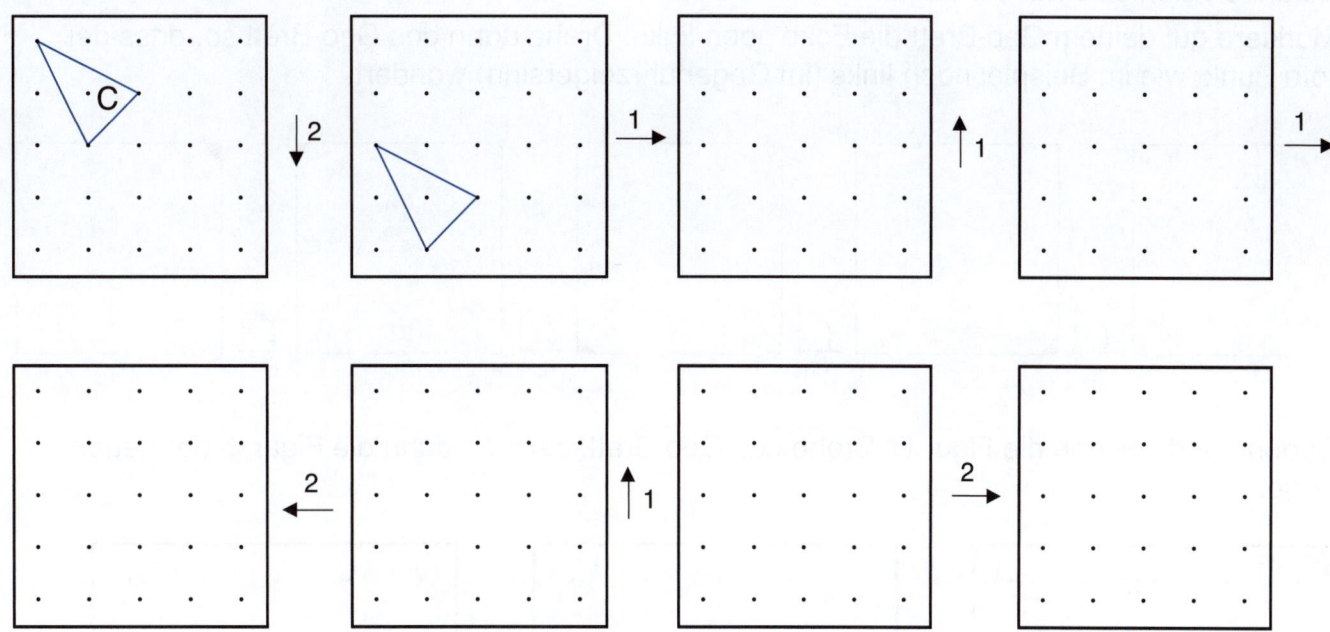

Erfinde Figuren und verschiebe sie so, dass die sie in möglichst vielen verschiedenen
Lagen erscheinen.

9. Figuren in verschiedenen Lagen – Das Geo-Brett drehen

Durch Drehen des Geo-Brettes lässt sich eine Figur in eine andere Lage bringen.
Die Figur ändert sich dabei nicht, weil Form und Größe erhalten bleiben.
Es ändert sich also nur die Lage.

Markiere auf deinem Geo-Brett die Ecke oben links. Drehe dann das Geo-Brett so, dass der
rote Punkt wie im Beispiel nach links (im Gegenuhrzeigersinn) wandert.

Spanne und zeichne die Figur D. Drehe das Geo-Brett, zeichne dann die Figur in der neuen
Lage.

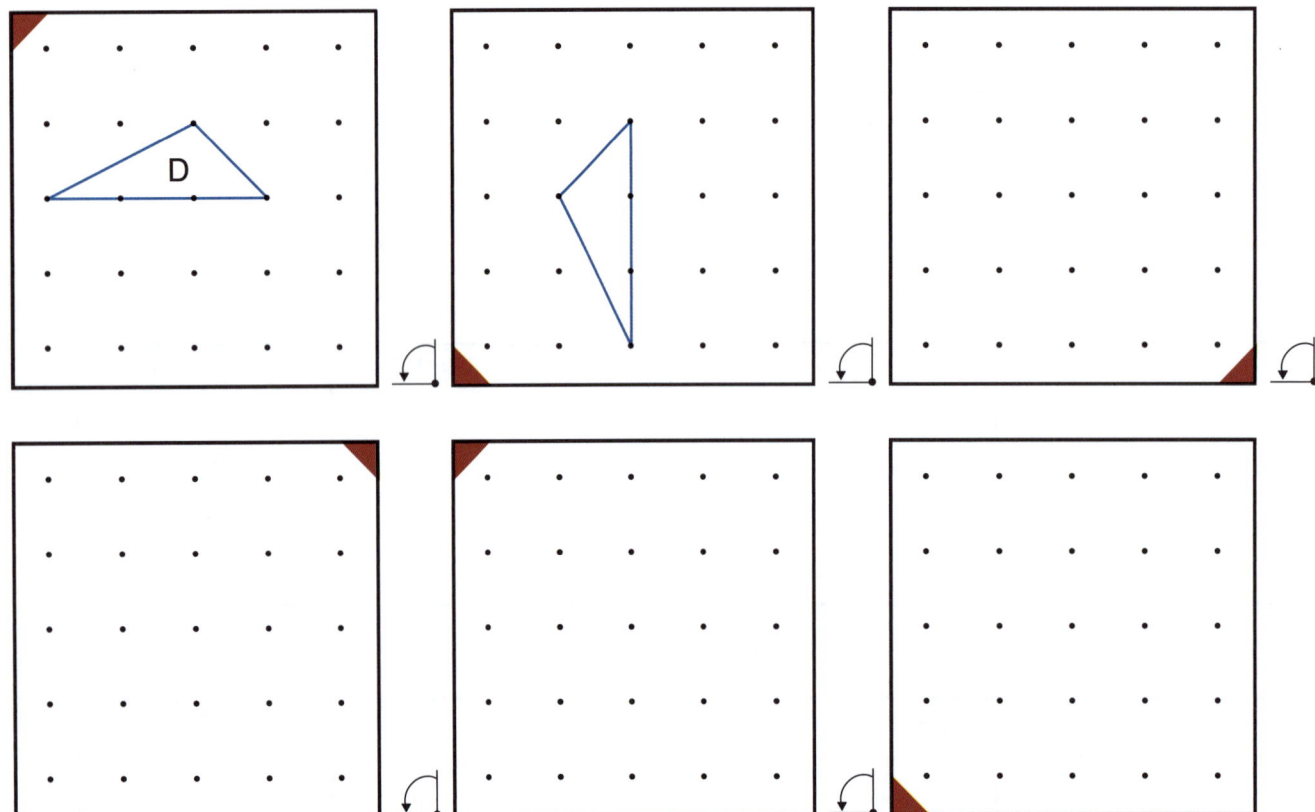

Diskutiere die folgenden Fragen mit deinem Partner.

a) Nach wie vielen Drehungen wird die Anfangslage wieder erreicht?

_____

b) Wie viele verschiedene Lagen sind mit diesen Drehungen möglich?

_____

c) Wie viele der Dreiecke sind auf dem Geo-Brett genau in der gleichen Lage?

_____

Spanne die Figuren E bis I. Drehe jeweils das Geo-Brett.
Zeichne dann die Figur in der neuen Lage.

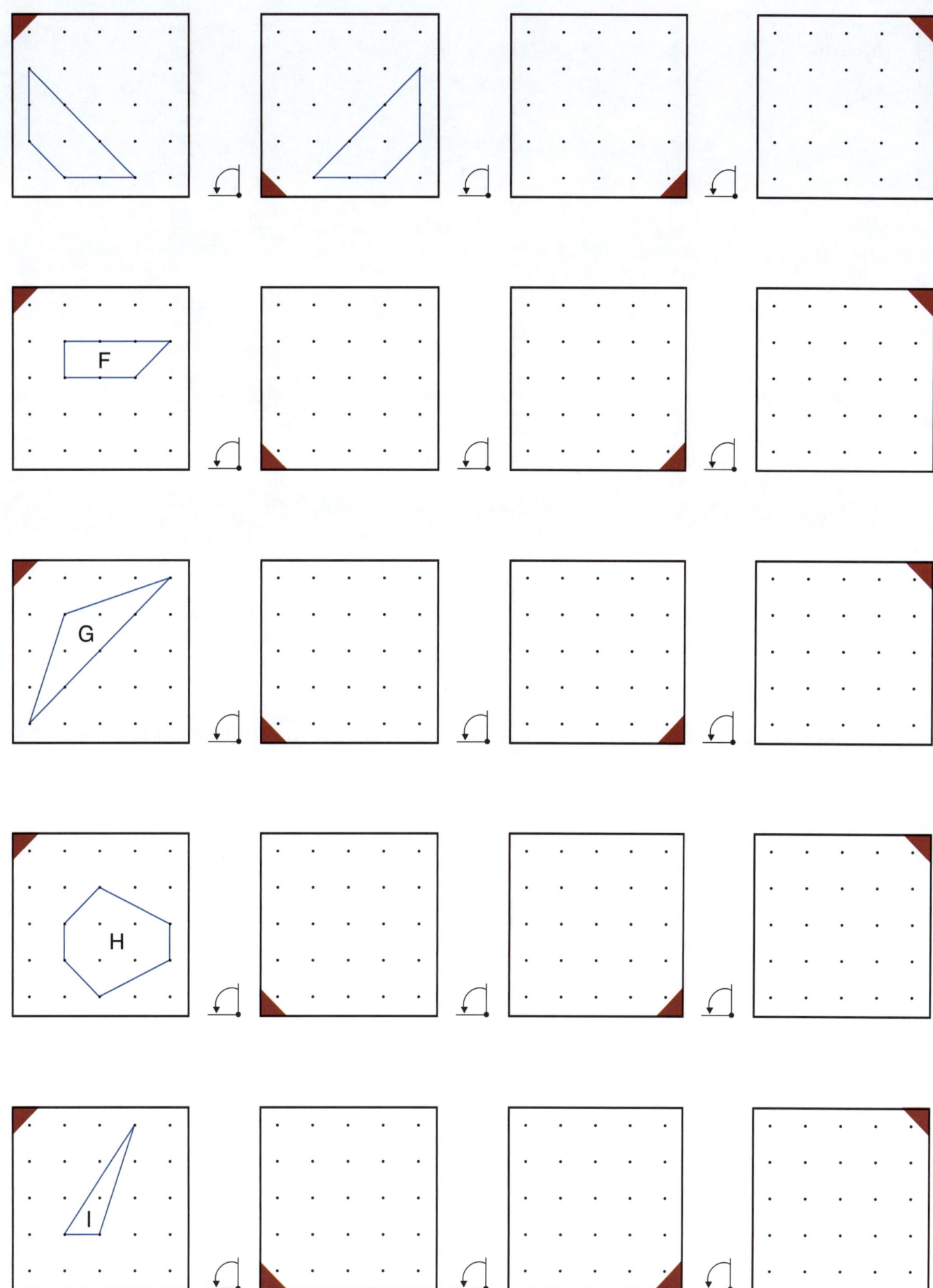

9. Figuren in verschiedenen Lagen – Das Geo-Brett drehen

Erfinde Figuren. Spanne und zeichne sie.
Drehe das Geo-Brett und zeichne die Figur dann jeweils in der neuen Lage.

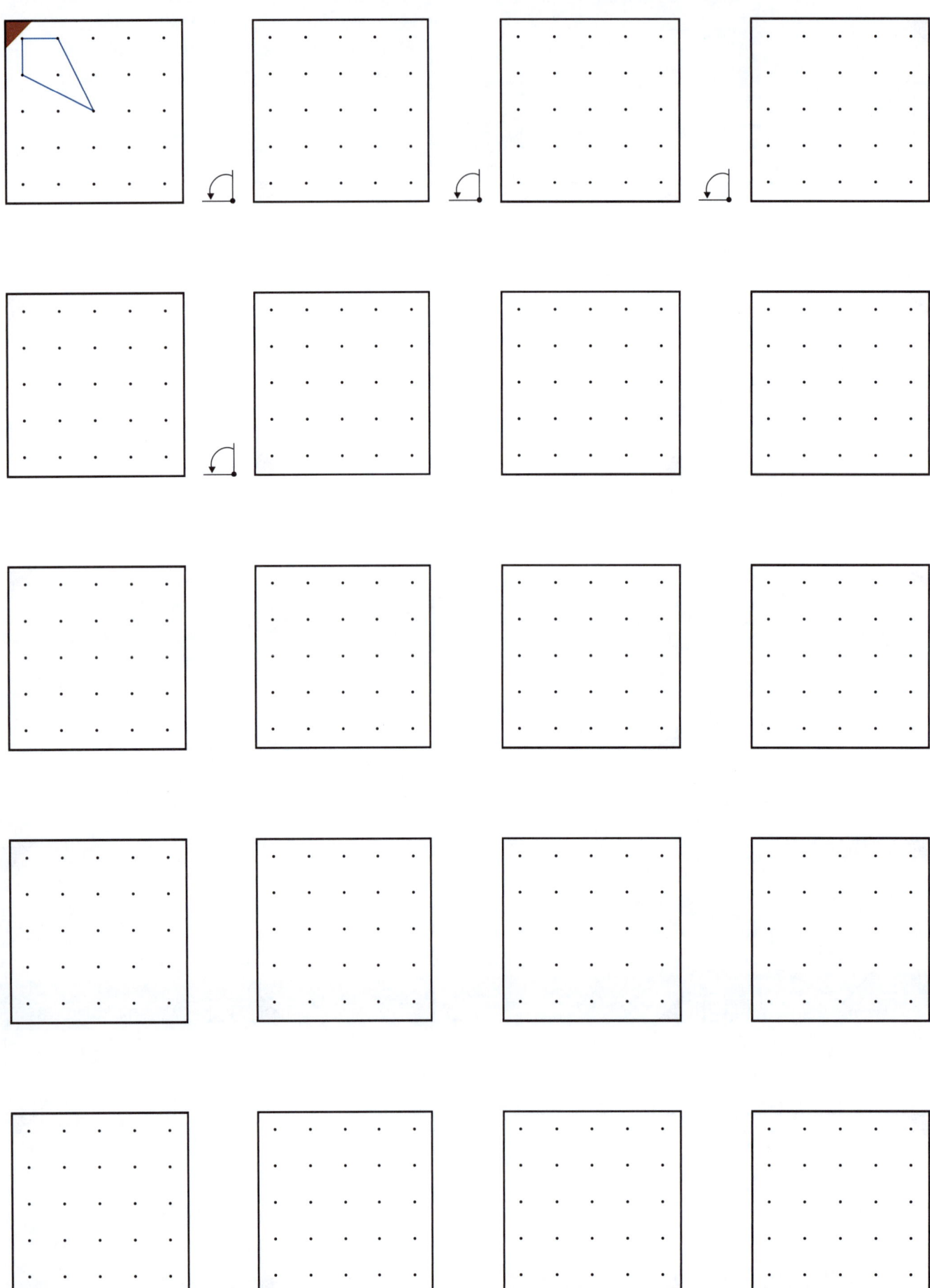

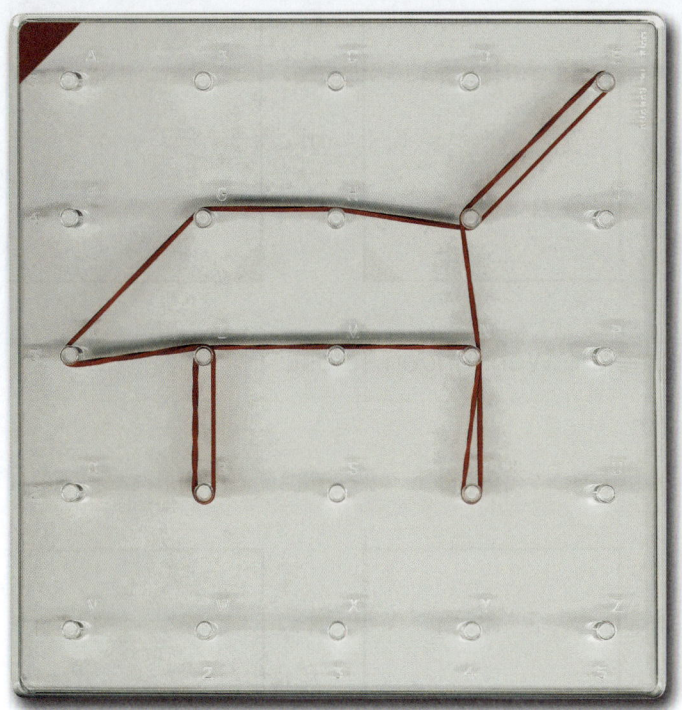

Das Geo-Brett kannst du so wenden, dass die Rückseite oben liegt.
Spanne und zeichne das Bild.
Wende das Geo-Brett so, dass Markierung und „Tier" ihre Lage wie im Beispiel verändern.
Beschreibe die Veränderungen. Verwende die Begriffe links – rechts, oben – unten …

Auch für das Wenden gilt:
Die Figur bleibt gleich, es ändert sich nur die Lage.

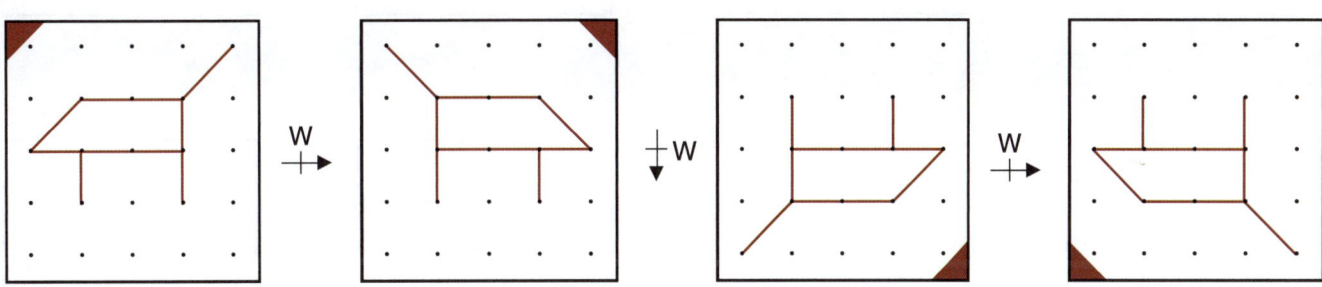

Spanne die Figuren.
Wende das Geo-Brett wie angegeben. Zeichne dann die Figur in der neuen Lage.

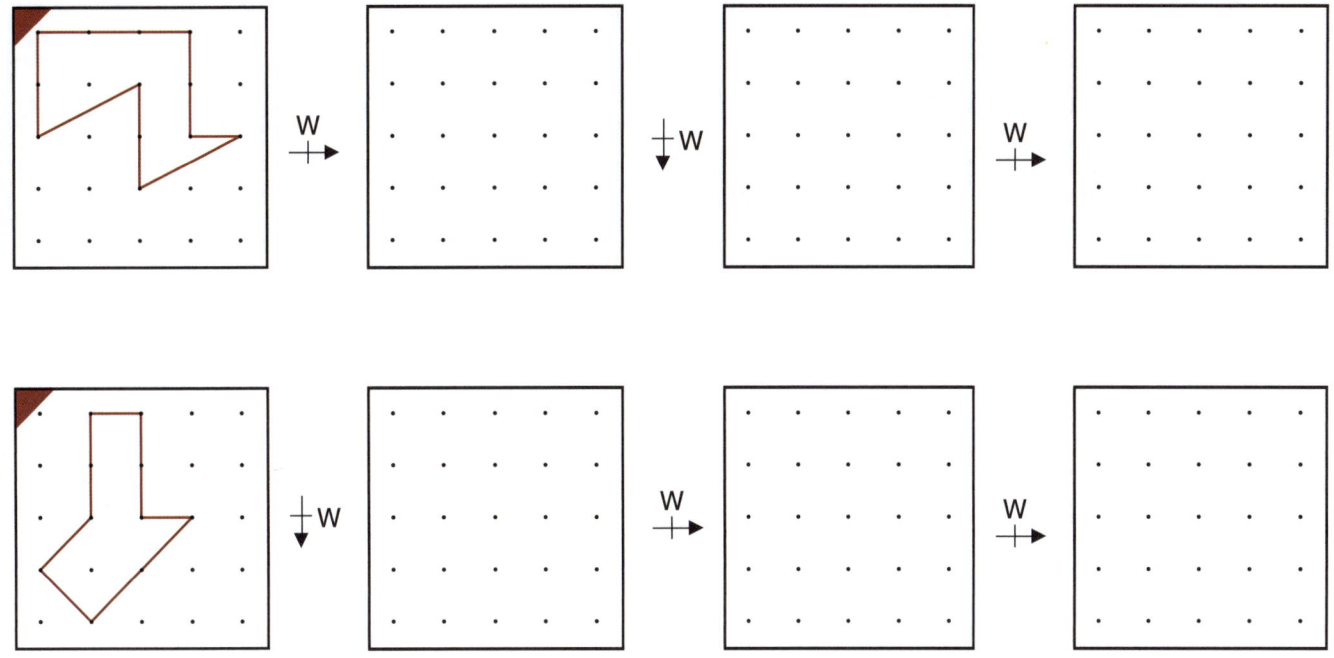

10. Figuren in verschiedenen Lagen – Das Geo-Brett wenden

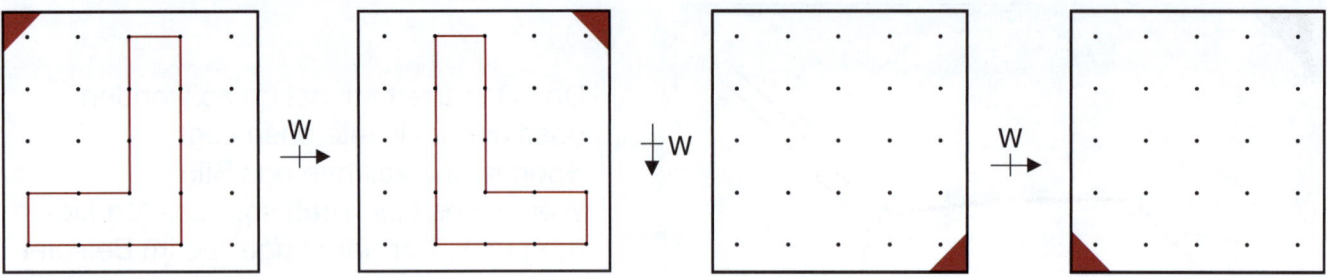

Erfinde Figuren, spanne und zeichne sie. Bestimme die Wendungen selbst.
Führe das Wenden nur in der Vorstellung durch.
Zeichne dann das Bild in der neuen Lage.
Wende das Geo-Brett zur Kontrolle.

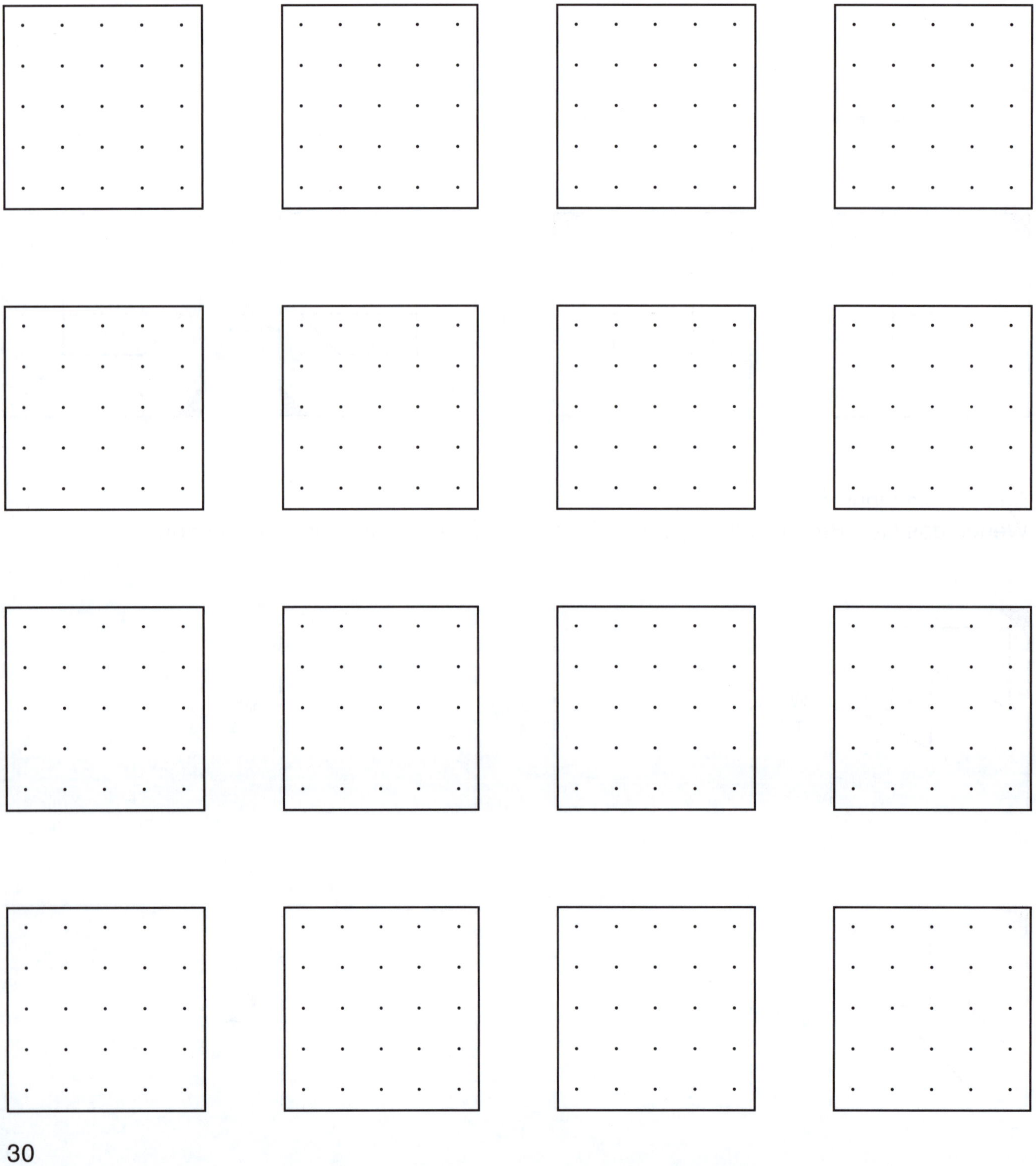

11. Figuren in verschiedenen Lagen – Drehen und wenden

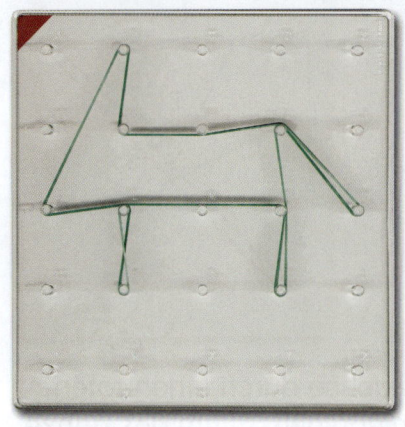

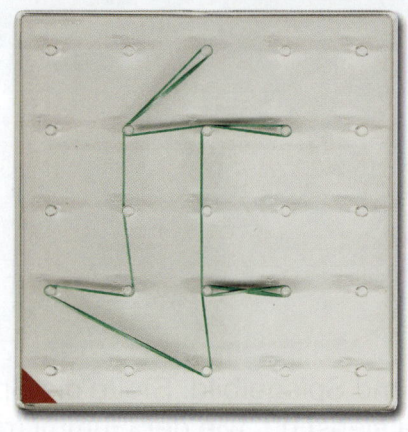

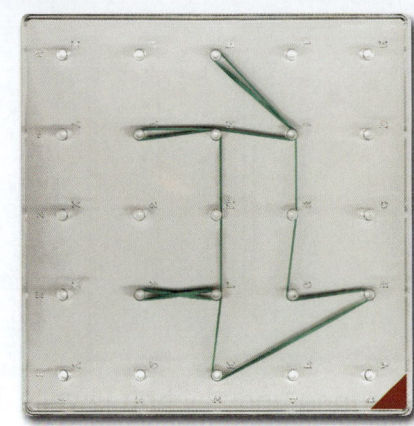

Spanne die Figur und zeichne sie. Drehe und wende wie im Beispiel.
Zeichne die Figur jeweils in der neuen Lage.
Drehe und wende so lange, bis du alle möglichen Lagen gefunden hast.

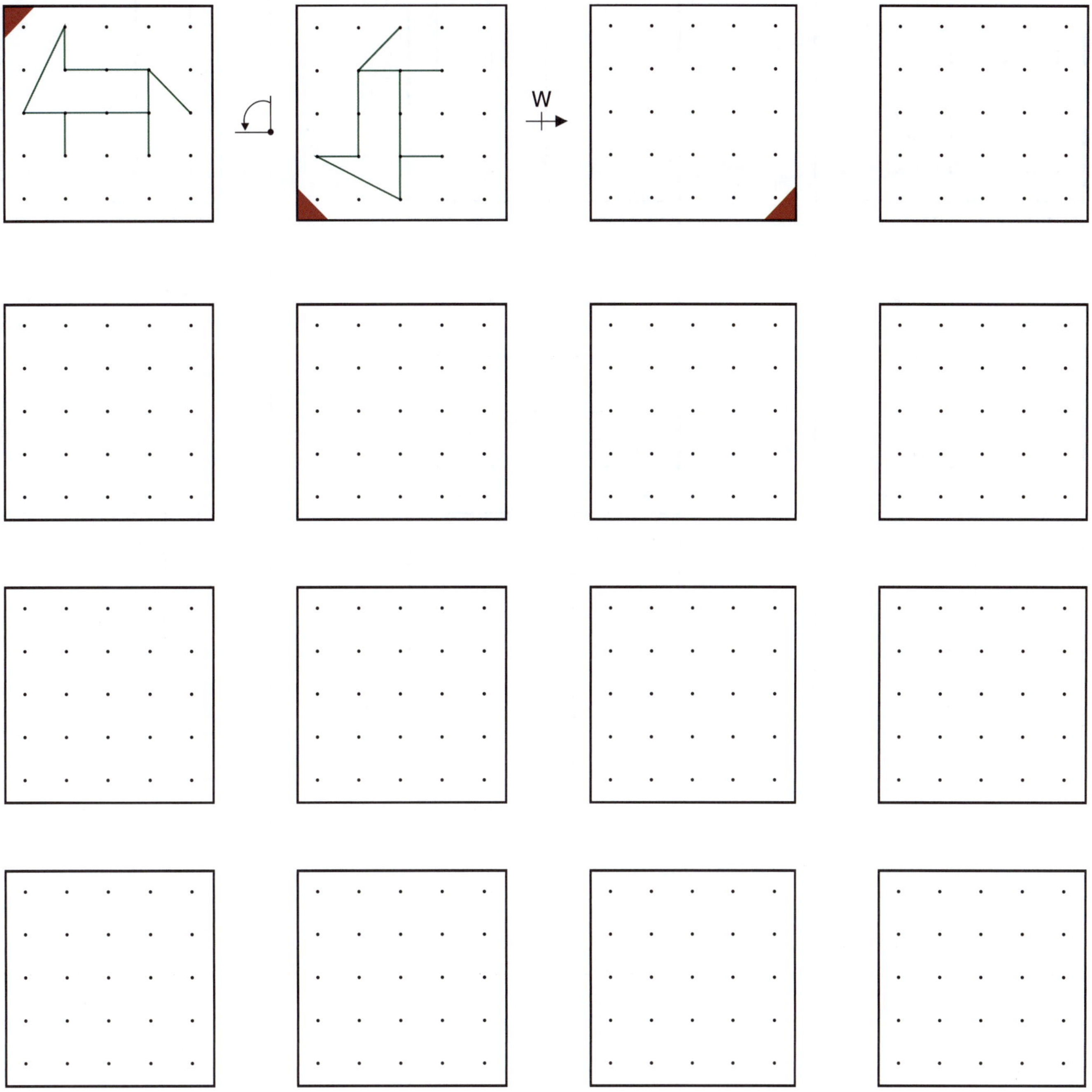

12. Figuren in verschiedenen Lagen – Figuren spiegeln

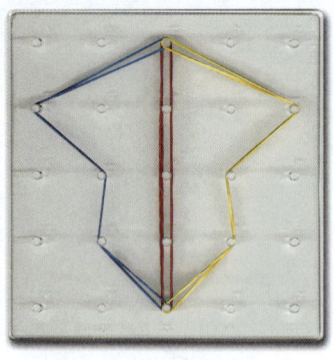

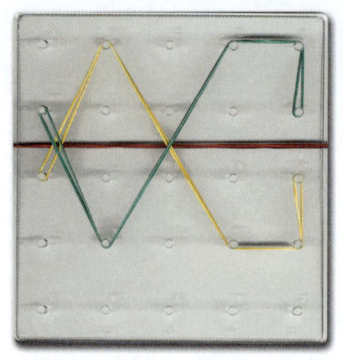

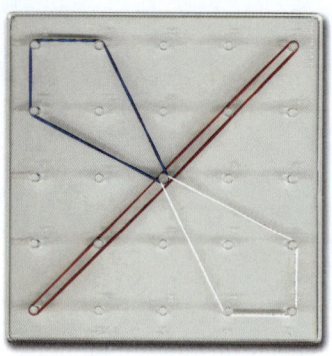

Spanne und zeichne jeweils Bild und Spiegelbild. Stelle die Spiegelachse durch einen roten Gummi (Strich) dar. Im 2. Beispiel siehst du, wie der Gummi (als Spiegelachse) um das ganze Geo-Brett gespannt wird. Manchmal musst du für Bild und Spiegelbild jeweils mehrere Gummis verwenden.

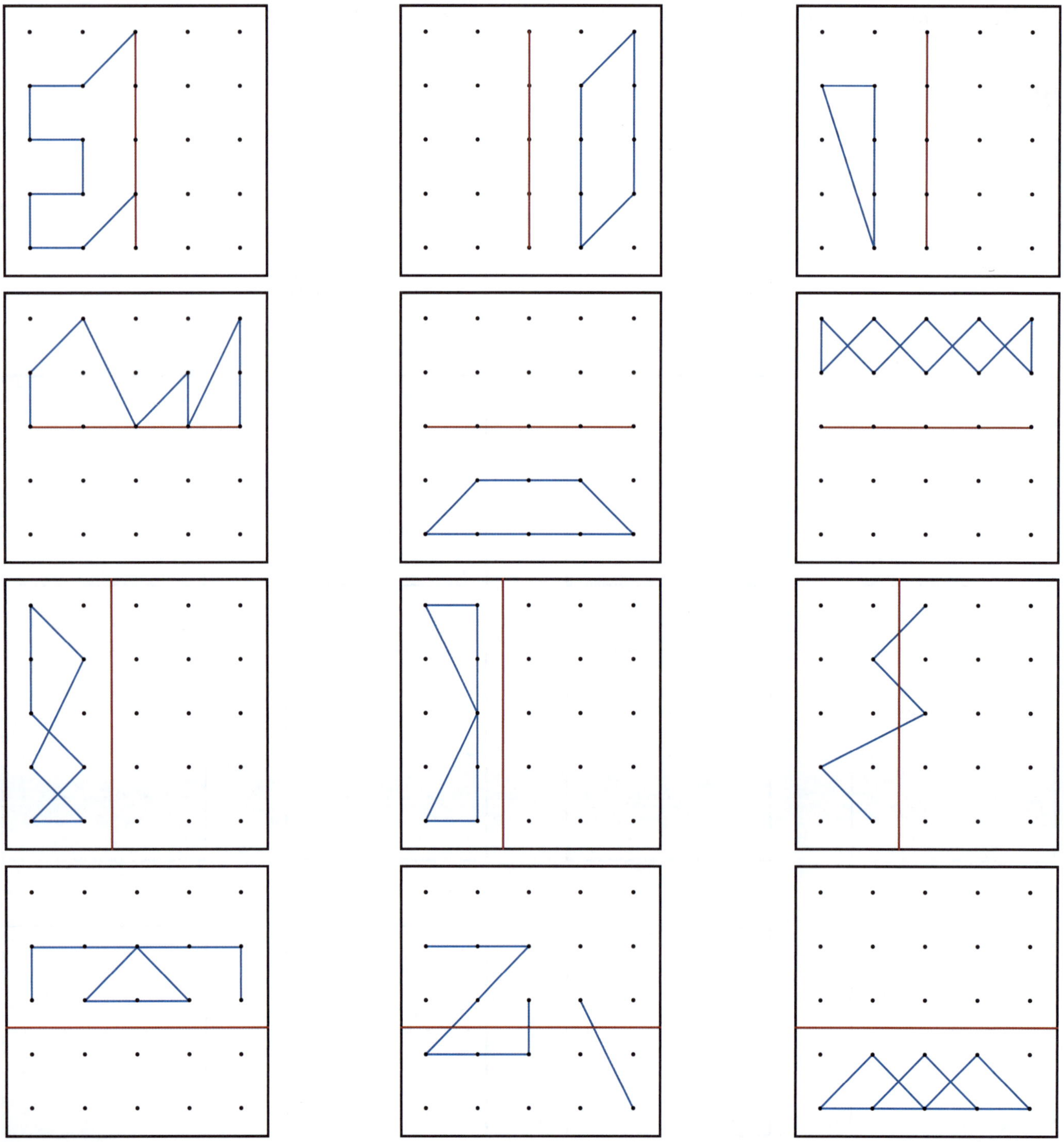

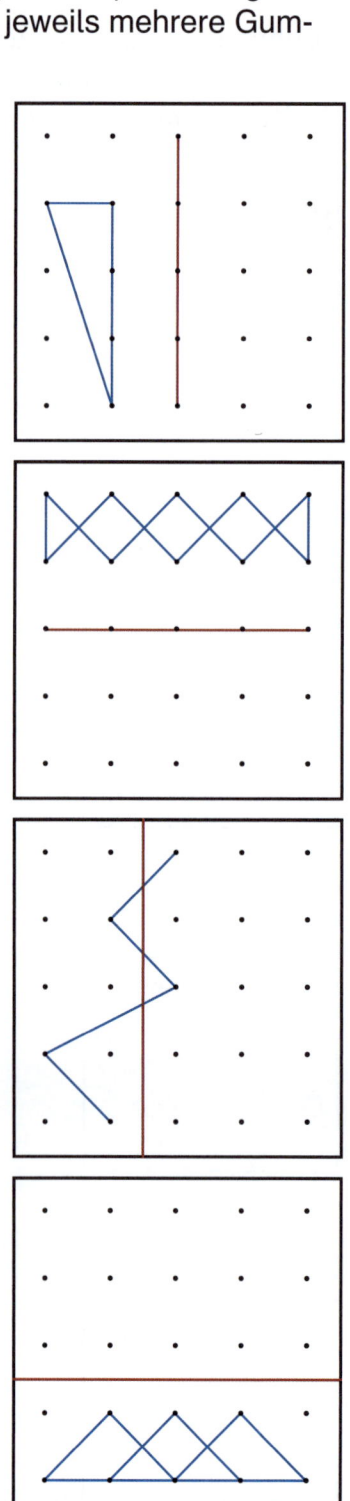

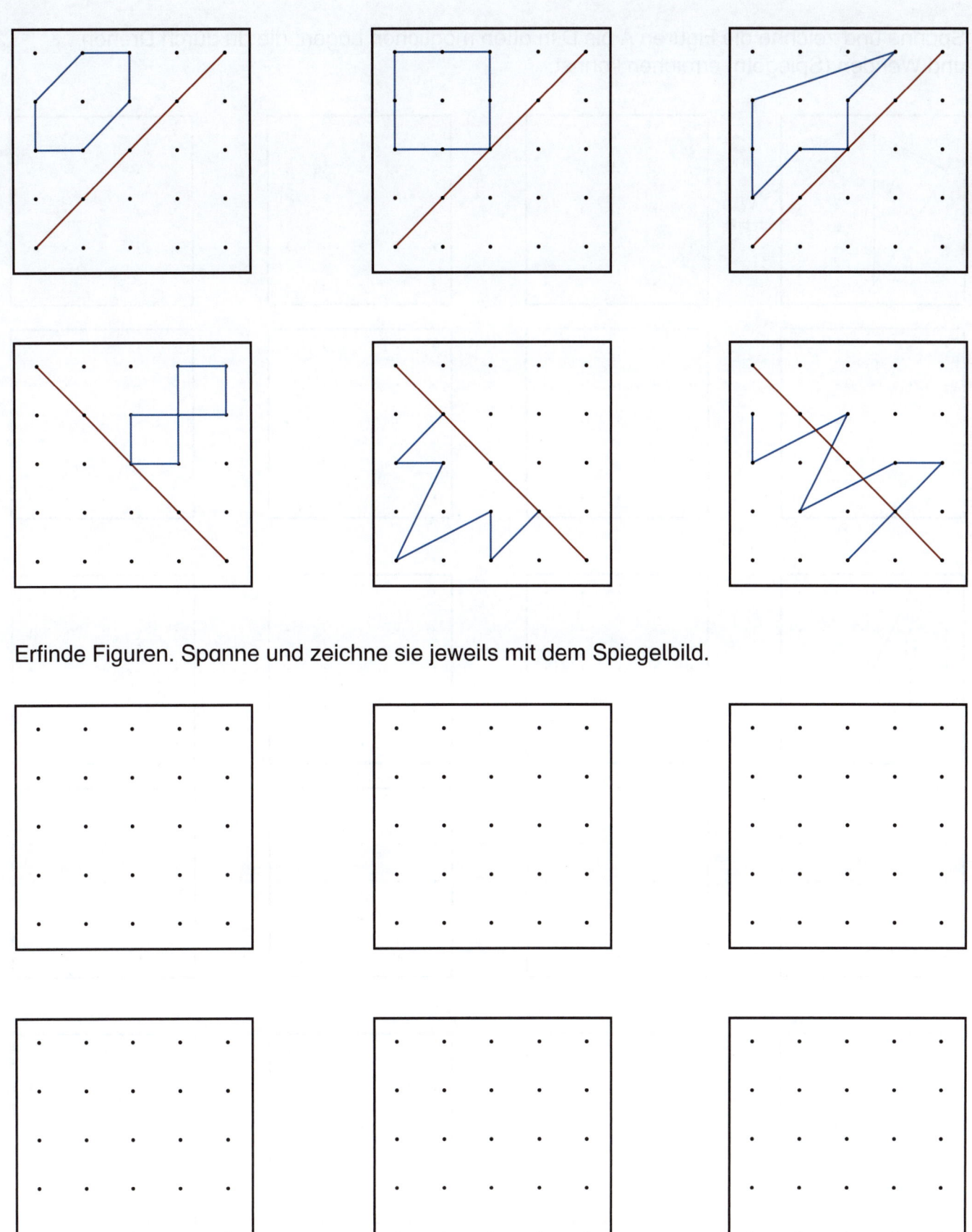

Erfinde Figuren. Spanne und zeichne sie jeweils mit dem Spiegelbild.

Auf den Seiten 26 bis 31 hast du gesehen, wie Figuren durch Drehen und Wenden eine andere Lage erhalten, ohne sich in Form und Größe zu verändern.

Wie ist das beim Spiegeln? Vergleiche Bild und Spiegelbild. Was bleibt gleich?
Was verändert sich?

13. Figuren drehen, wenden, spiegeln

Spanne und zeichne die Figuren A bis D in allen möglichen Lagen, die du durch Drehen und Wenden (Spiegeln) erreichen kannst.

14. Deckungsgleiche Figuren

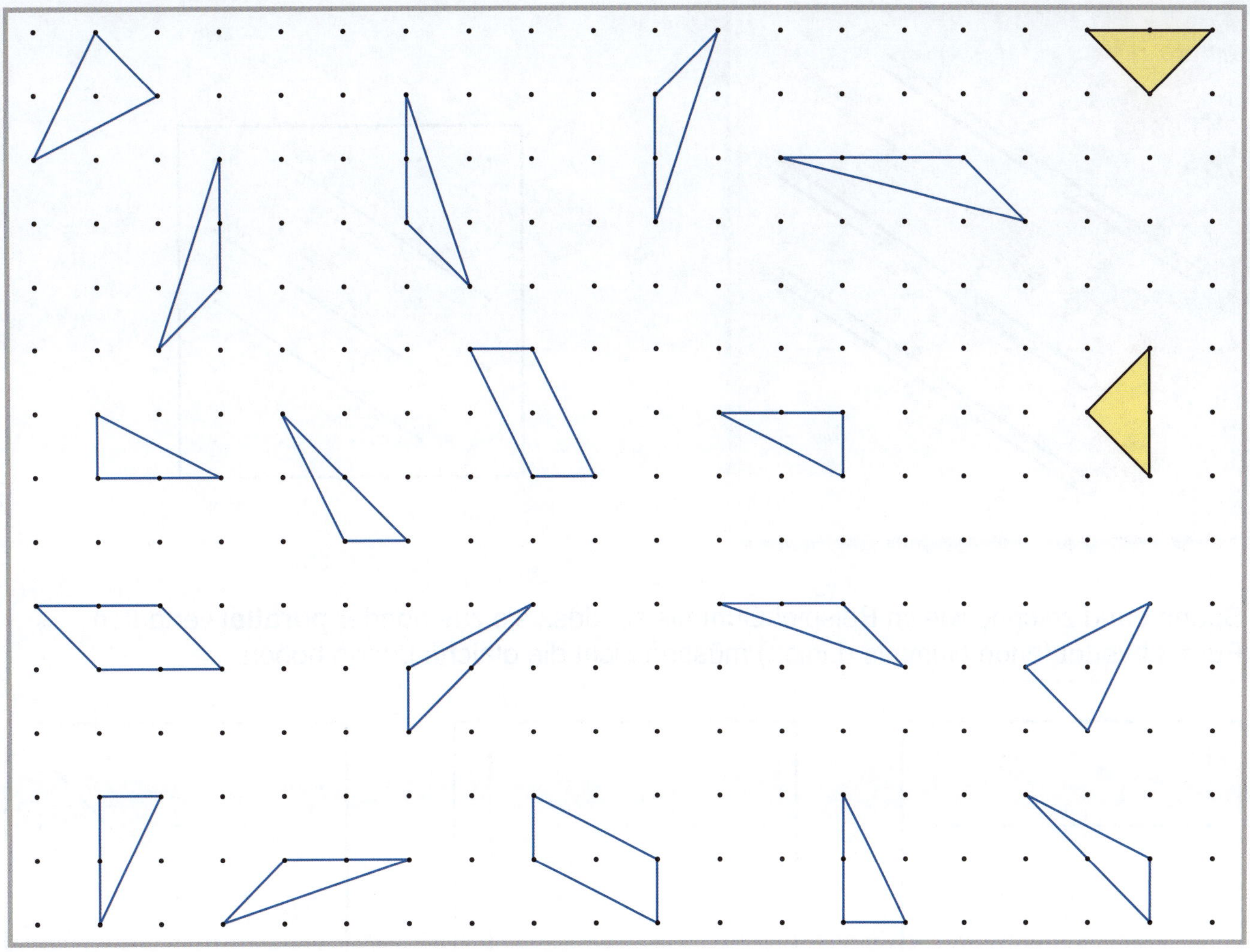

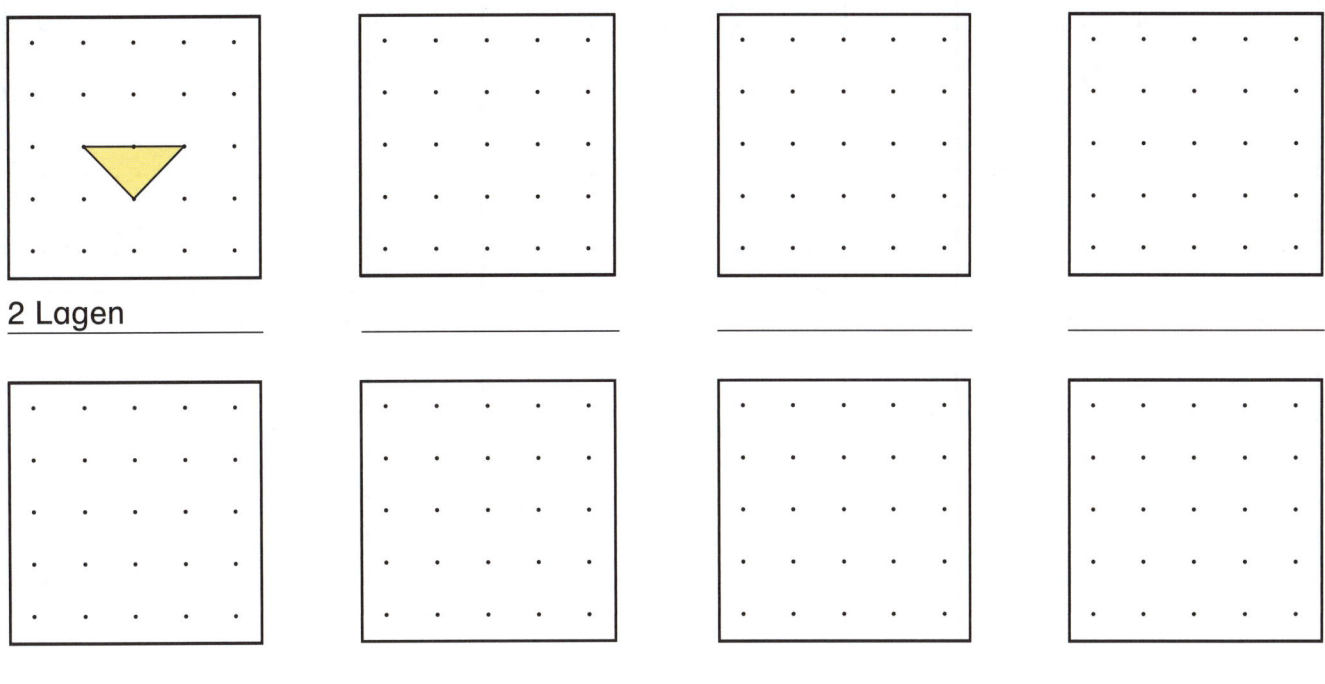

Figuren, die sich nur durch ihre Lage unterscheiden, in Form und Größe aber gleich sind, nennt man **deckungsgleich**. Überprüfe, welche der abgebildeten Figuren deckungsgleich sind. Zeichne jeweils eine der deckungsgleichen Figuren und schreibe dazu, in wie vielen Lagen diese oben abgebildet ist.

Färbe zum Schluss die deckungsgleichen Figuren einer Klasse jeweils mit einer Farbe.

2 Lagen

15. Parallel und senkrecht

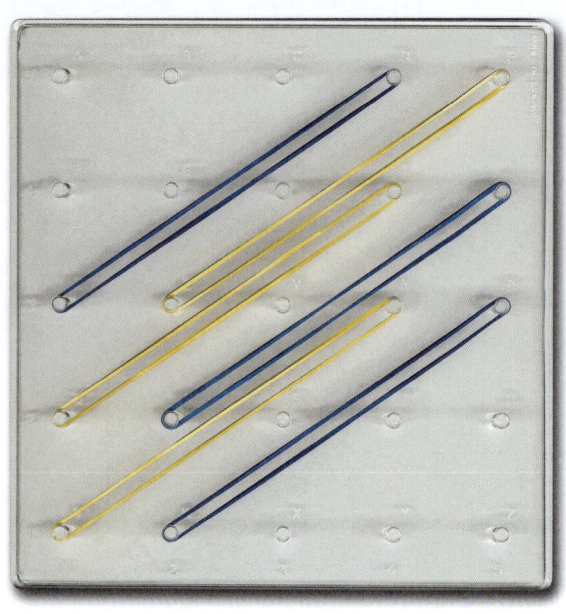 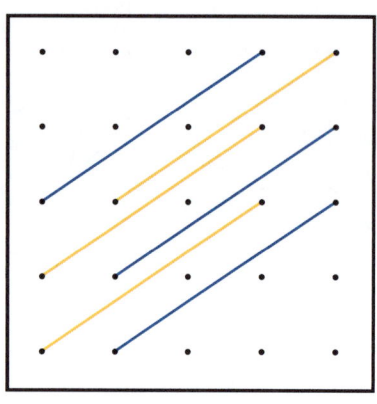

Spanne und zeichne wie im Beispiel Gummis so, dass sie zueinander **parallel** verlaufen.
Parallel verlaufende Gummis (Linien) müssen nicht die gleiche Länge haben.

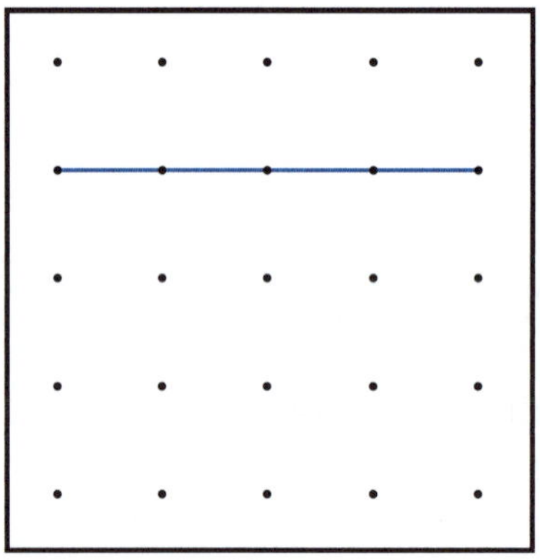

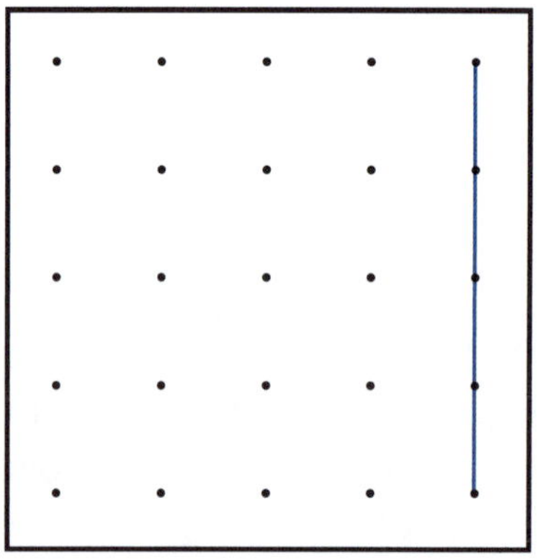

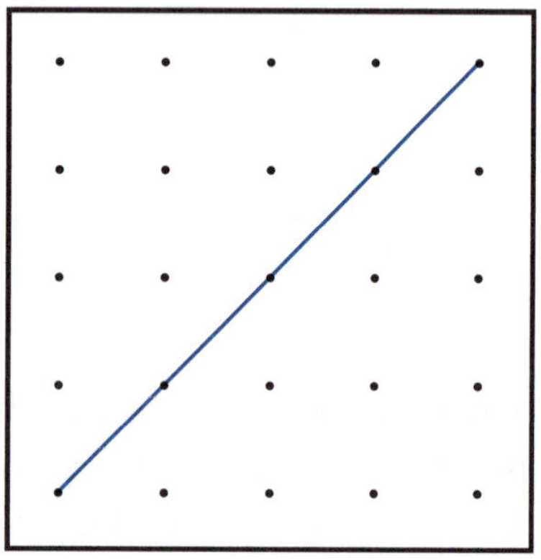

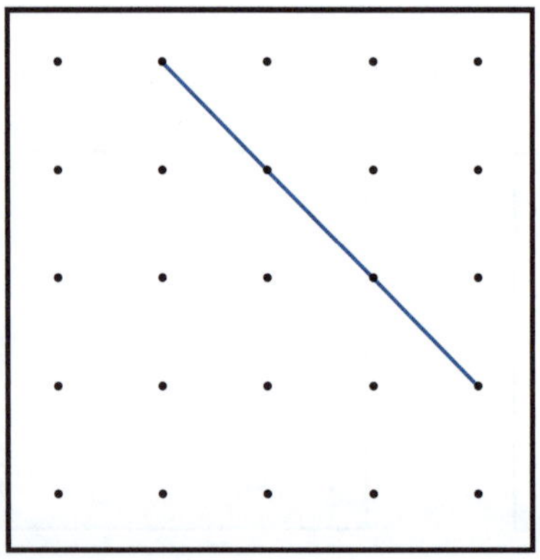

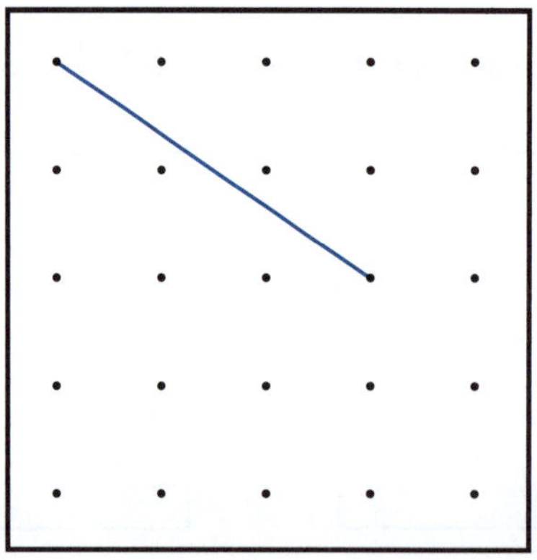

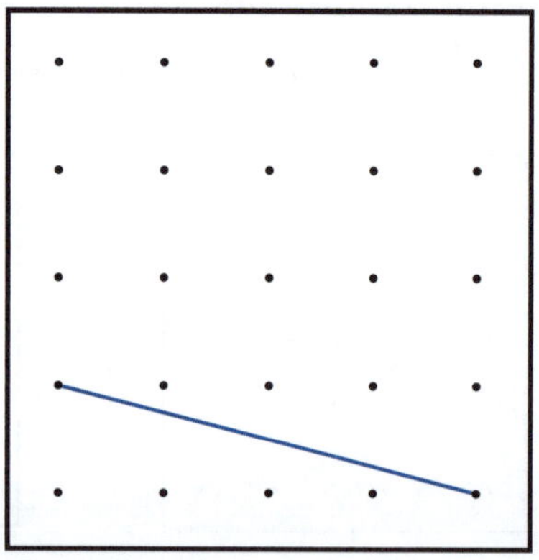

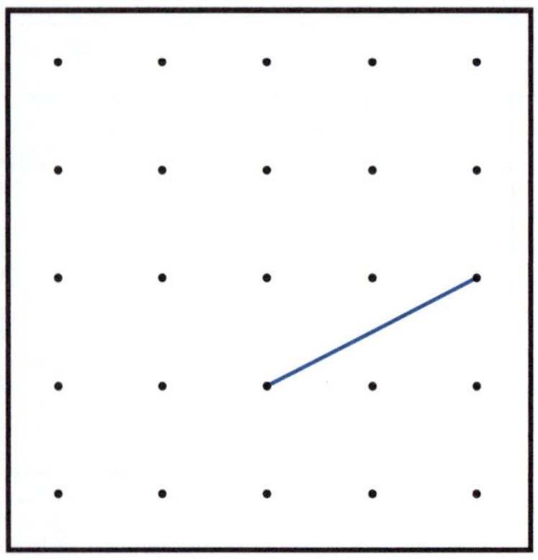

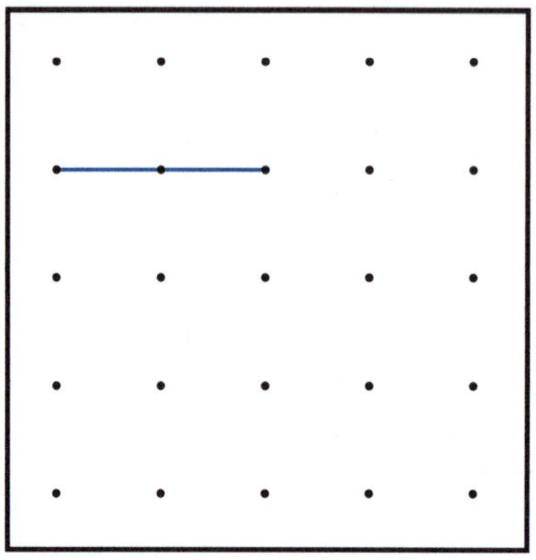

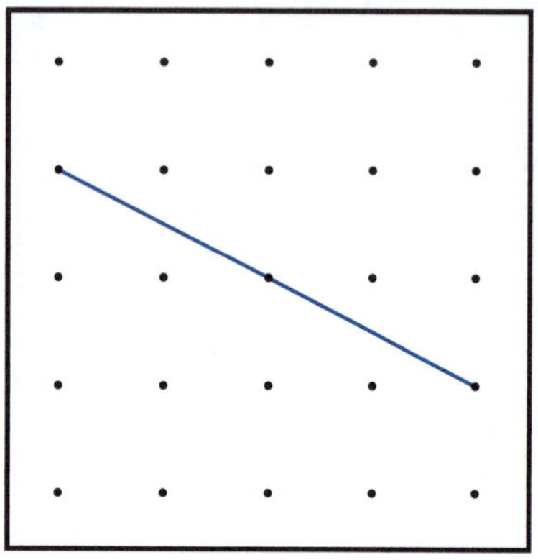

A

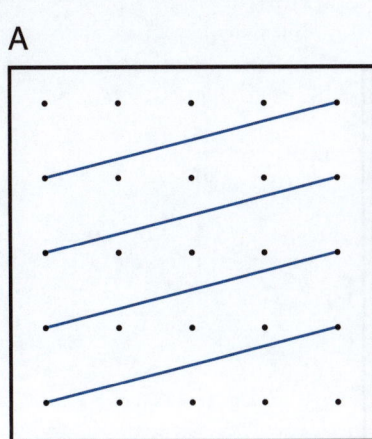

B

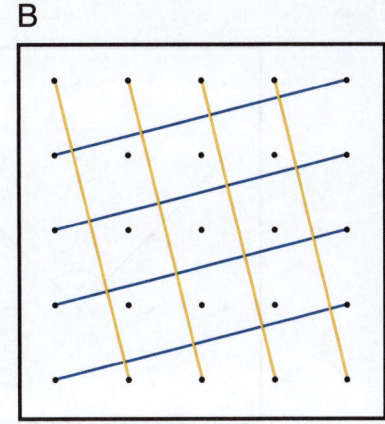

Im Beispiel A sind 4 Gummis gespannt, die zueinander parallel verlaufen. Im Beispiel B wurden noch einmal 4 Gummis gespannt, die zu den ersten 4 Gummis senkrecht verlaufen.

Suche weitere Möglichkeiten wie im Beispiel A mit 5 (6, 7, 8, 9) Gummis. Spanne dann jeweils die gleiche Anzahl von Gummis dazu, die wie im Beispiel B zu den ersten Gummis senkrecht verlaufen.

16. Der rechte Winkel

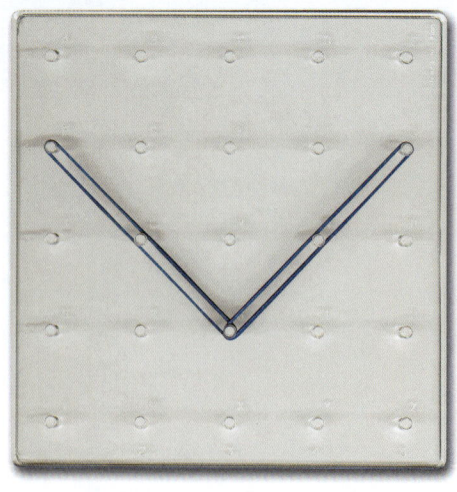 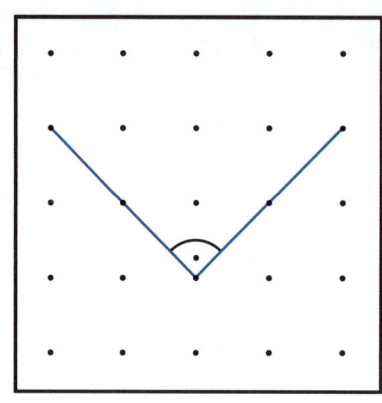

Wenn du Gummis so spannst, dass sie senkrecht aufeinander stehen, bilden sie einen rechten Winkel.

Stelle rechte Winkel in möglichst vielen verschiedenen Lagen dar.
Kontrolliere mit dem Faltwinkel. Kennzeichne rechte Winkel so:

17. Rechte Winkel, spitze und stumpfe Winkel

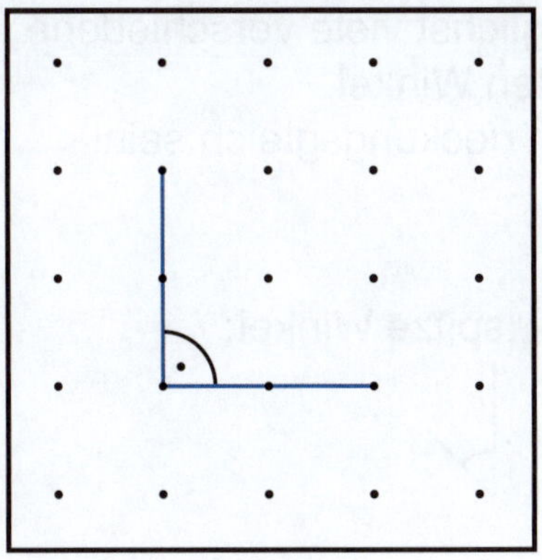

Rechter Winkel	Spitzer Winkel	Stumpfer Winkel

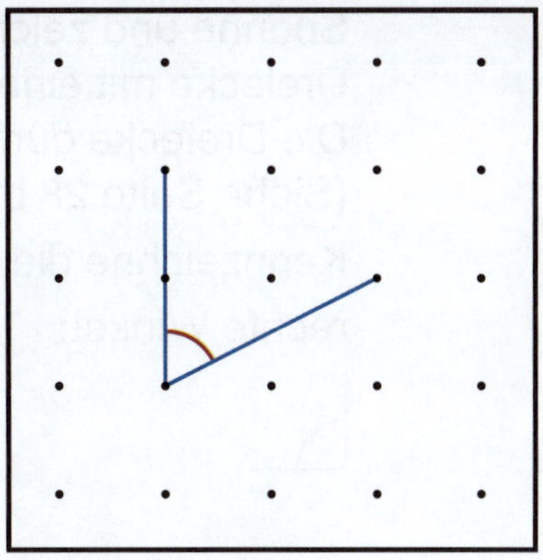

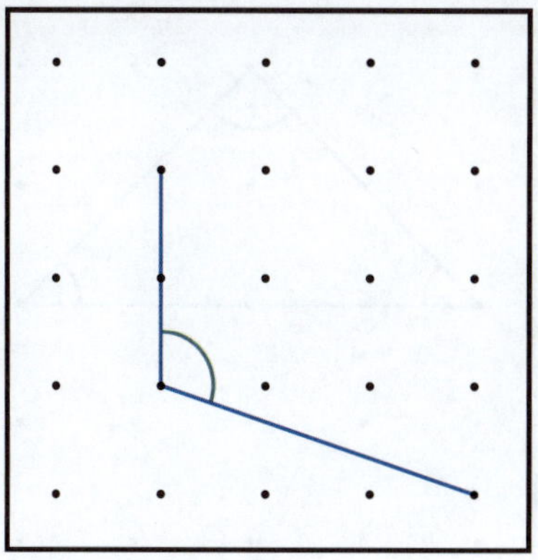

Winkel, die spitzer sind, als ein rechter Winkel, nennt man spitze Winkel.
Winkel, die stumpfer sind, als ein rechter Winkel, nennt man stumpfe Winkel.

Spanne und zeichne. Schreibe die Namen dazu.

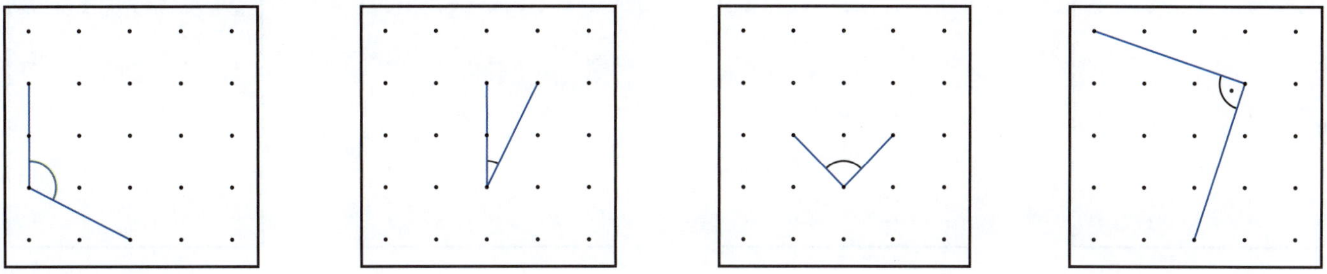

stumpfer Winkel

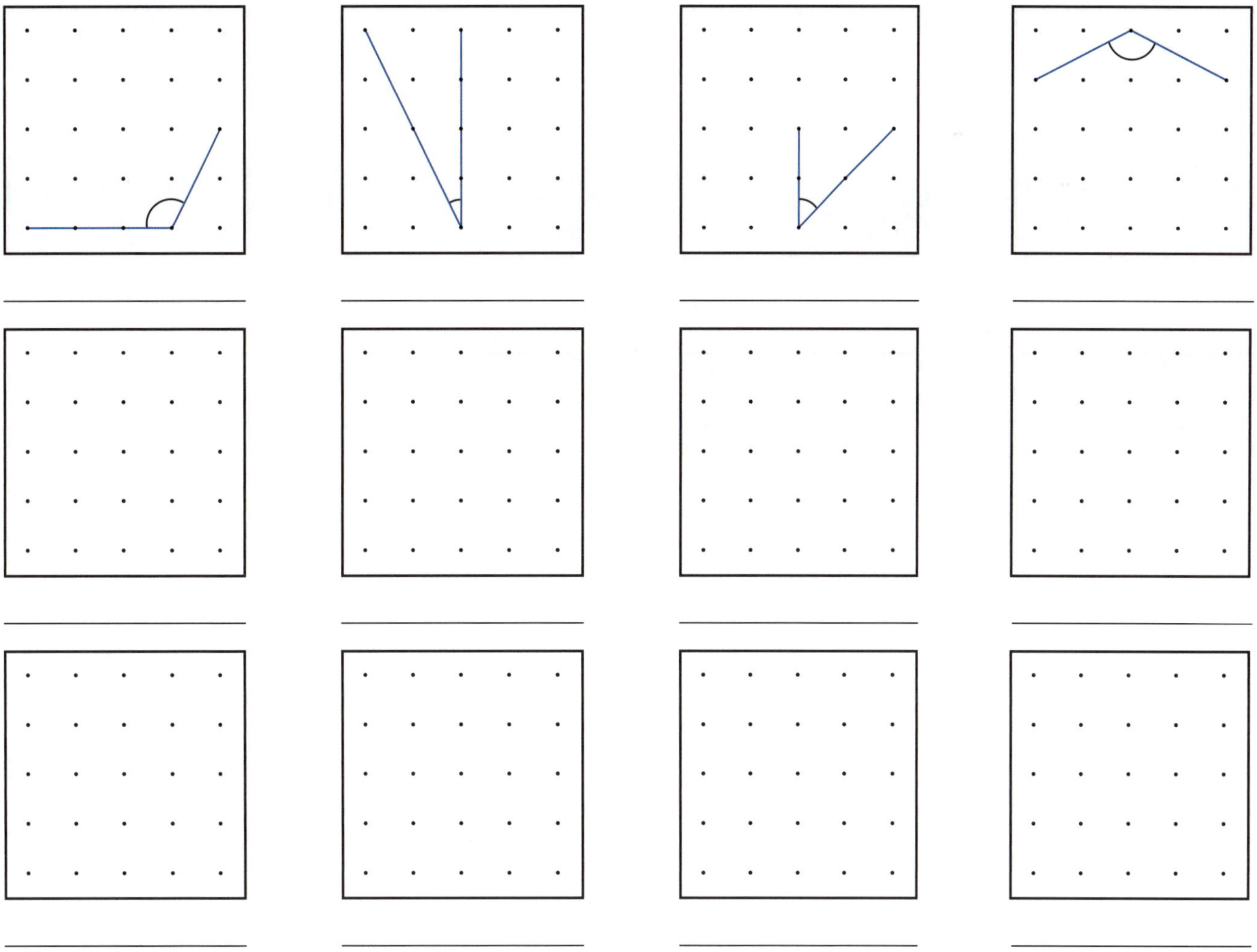

18. Dreiecke mit einem rechten Winkel

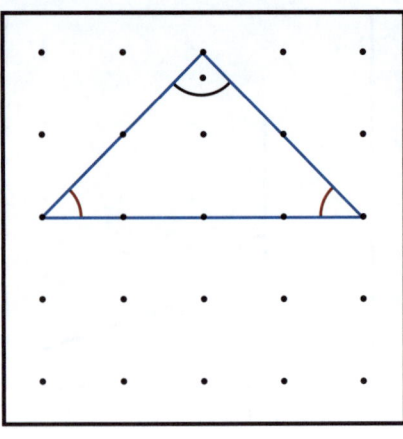

Spanne und zeichne möglichst viele verschiedene Dreiecke mit einem rechten Winkel.
Die Dreiecke dürfen nicht deckungsgleich sein.
(Siehe Seite 28 bis 35.)

Kennzeichne die Winkel.

rechte Winkel: spitze Winkel:

19. Dreiecke mit einem stumpfen Winkel

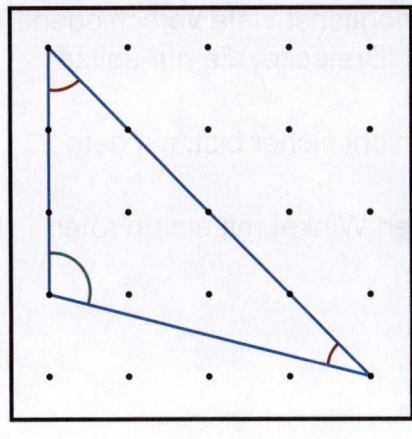

Spanne und zeichne möglichst viele verschiedene Dreiecke mit einem stumpfen Winkel.

Kennzeichne die stumpfen Winkel mit einem grünen Bogen:

Kennzeichne die spitzen Winkel mit einem roten Bogen:

20. Dreiecke mit spitzen Winkeln

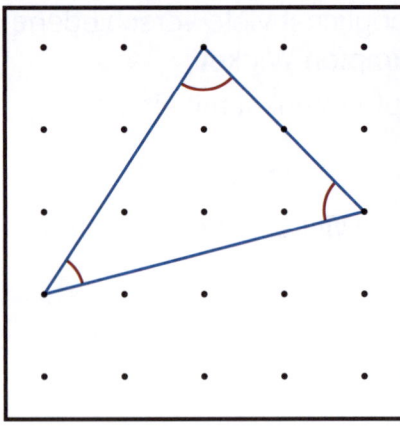

Spanne und zeichne möglichst viele verschiedene spitzwinklige Dreiecke (Dreiecke, die nur spitze Winkel haben).

Kontrolliere, wenn du nicht sicher bist, mit dem Faltwinkel.

Kennzeichne die spitzen Winkel mit einem roten Bogen.

21. Vierecke mit verschiedenen Winkeln

Spanne und zeichne Vierecke mit den angegebenen Winkeln.

① Ein rechter Winkel, ein stumpfer Winkel

② Zwei rechte Winkel, ein stumpfer Winkel

③ Zwei stumpfe Winkel

④ Versuche auch Vierecke mit drei spitzen (stumpfen, rechten) Winkeln zu spannen. Geht das?

22. Figuren in gleiche Teile zerlegen

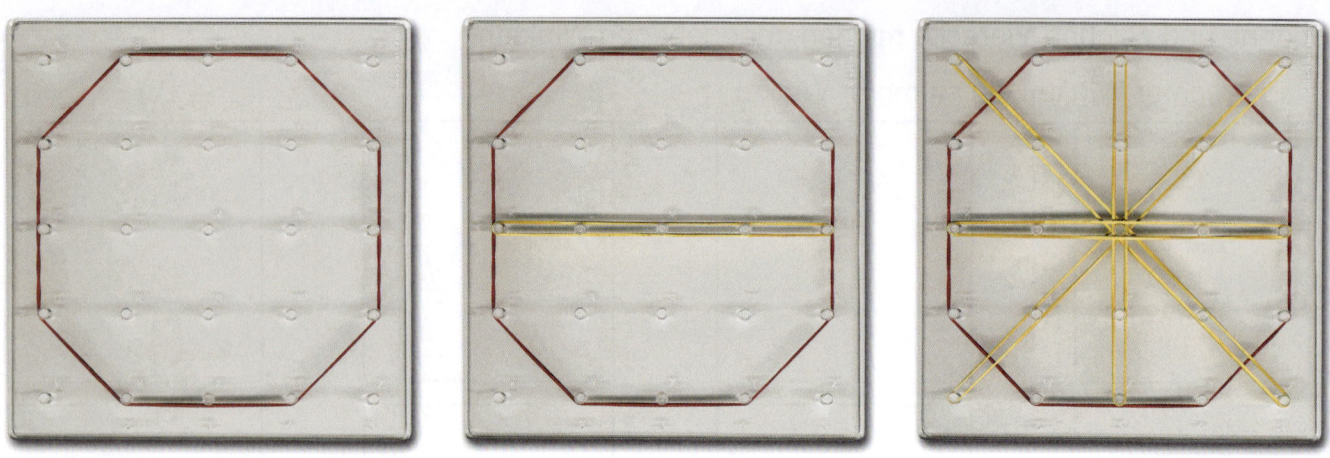

Spanne und zeichne die Figuren. Färbe auf dem Blatt das Innere der Figuren.
Zerlege sie wie im Beispiel in 2, 3, 4 … **gleiche** Teile.

①

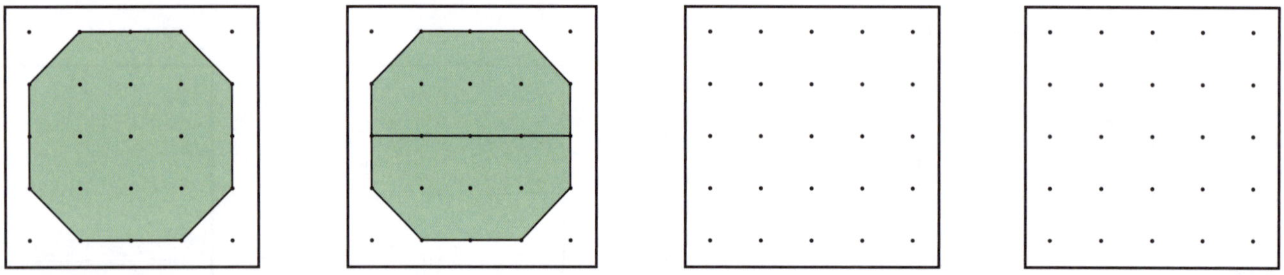

②

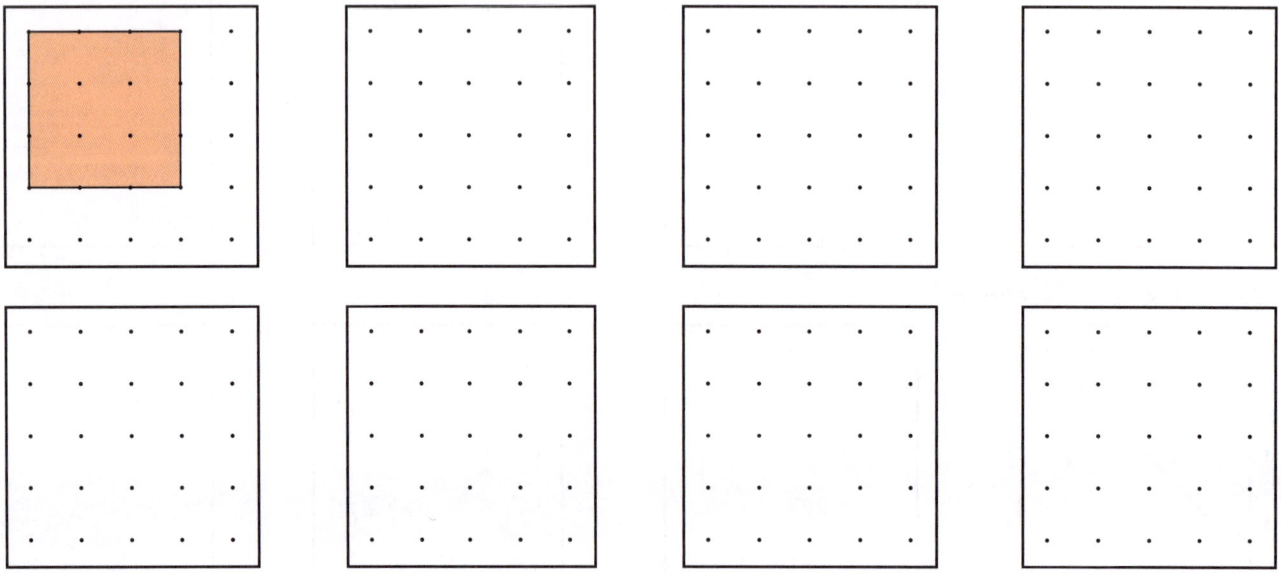

③

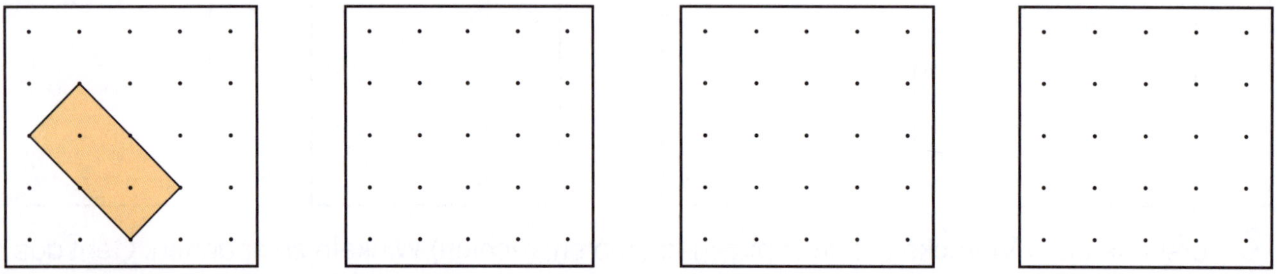

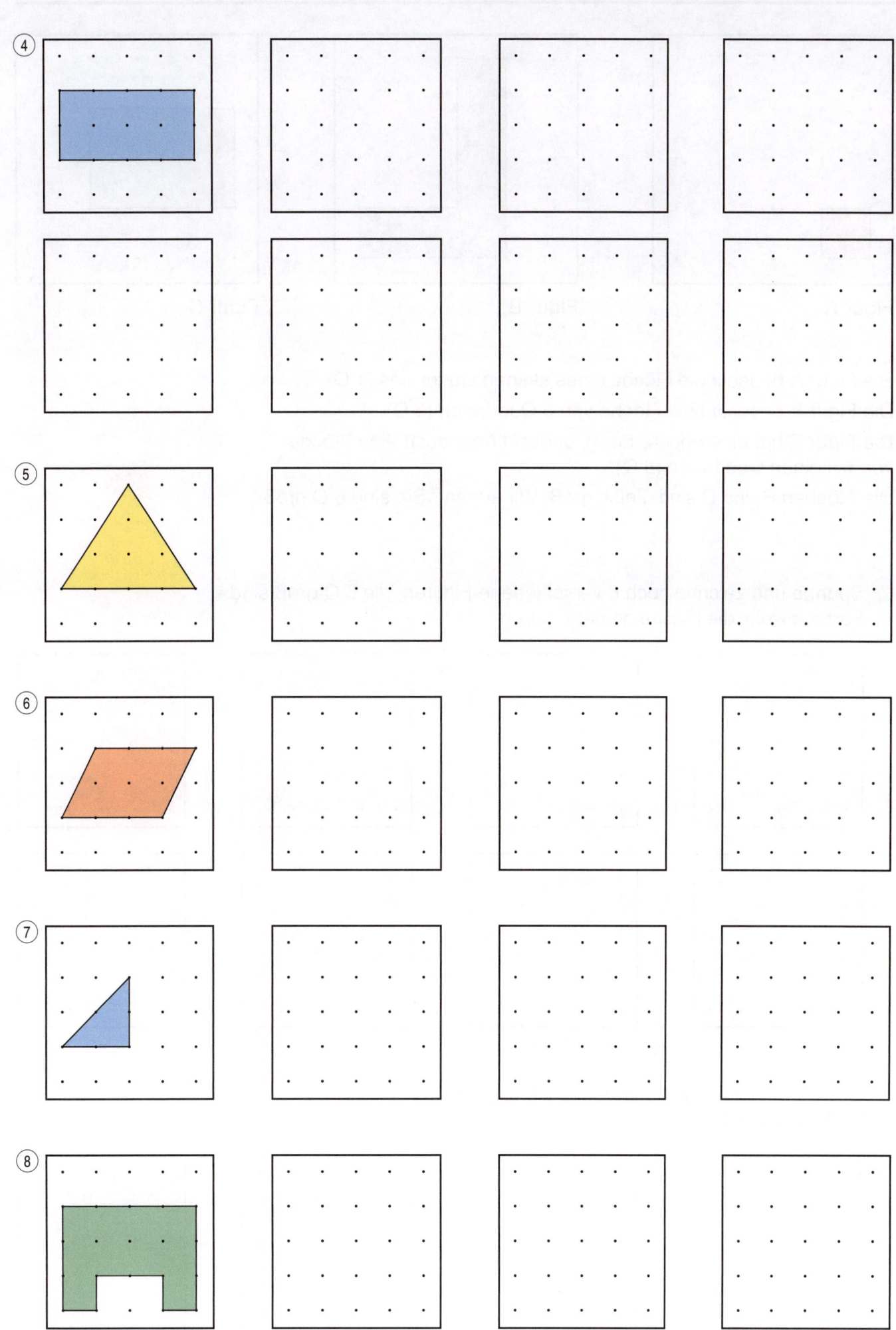

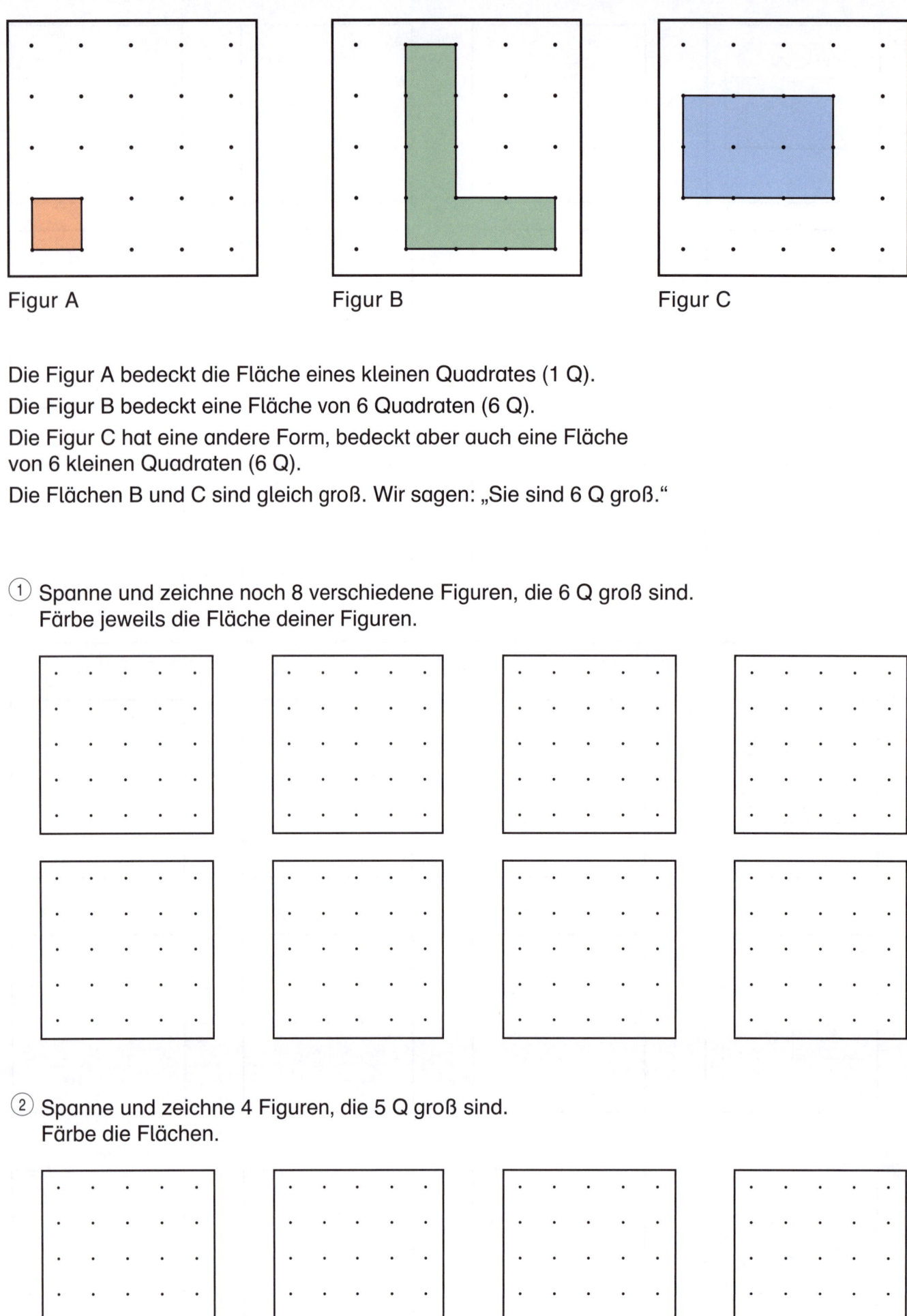

Figur A   Figur B   Figur C

Die Figur A bedeckt die Fläche eines kleinen Quadrates (1 Q).

Die Figur B bedeckt eine Fläche von 6 Quadraten (6 Q).

Die Figur C hat eine andere Form, bedeckt aber auch eine Fläche
von 6 kleinen Quadraten (6 Q).

Die Flächen B und C sind gleich groß. Wir sagen: „Sie sind 6 Q groß."

① Spanne und zeichne noch 8 verschiedene Figuren, die 6 Q groß sind.
   Färbe jeweils die Fläche deiner Figuren.

② Spanne und zeichne 4 Figuren, die 5 Q groß sind.
   Färbe die Flächen.

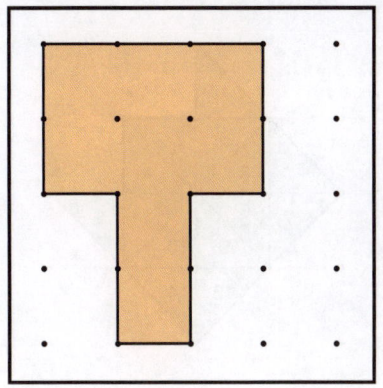

Figur D

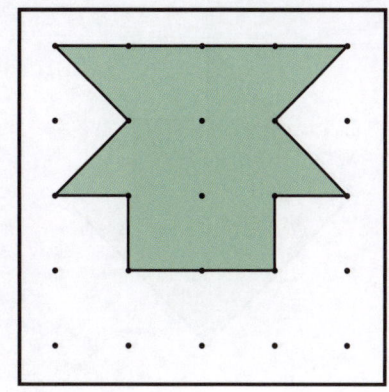

Figur E

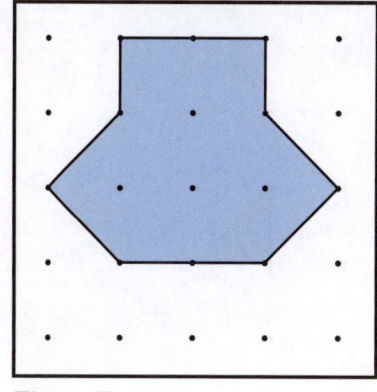

Figur F

Die Figuren D, E und F bedecken jeweils eine Fläche von 8 Quadraten (8 Q). Sie sind also 8 Q groß. Was fällt bei den Figuren E und F auf.

③ Spanne und zeichne noch 8 Flächen mit einem Flächeninhalt von 8 Q .
Färbe die Flächen.

④ Schreibe unter jede der 8 Figuren ihre Größe in Q.

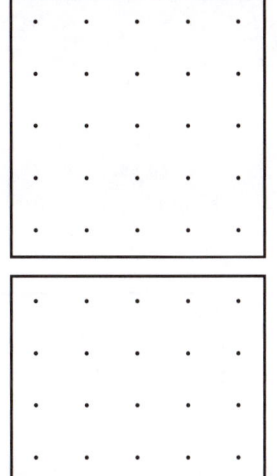

☐ Q

☐ Q

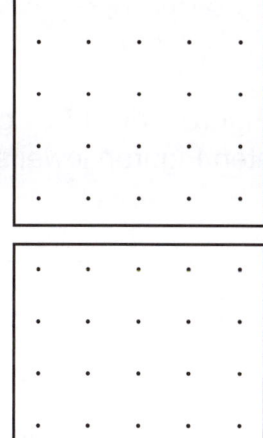

☐ Q

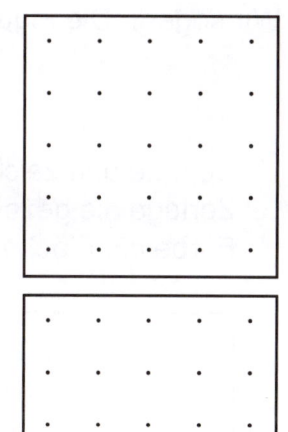

☐ Q

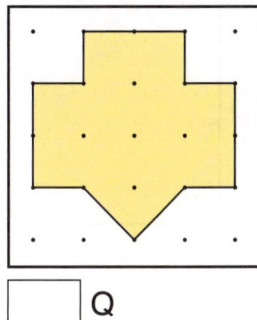

☐ Q

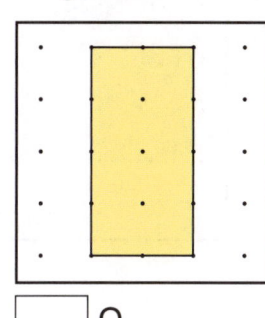

☐ Q

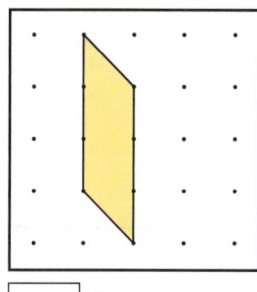

☐ Q

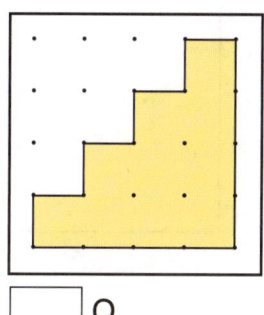

☐ Q

47

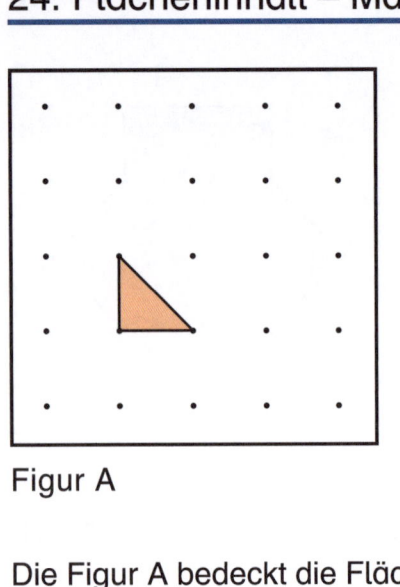

Figur A

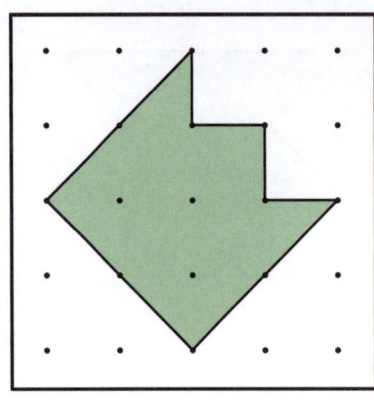

Figur B

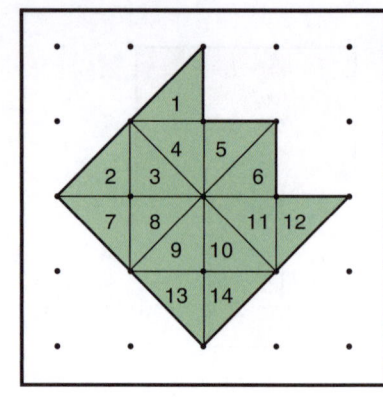

Figur B

Die Figur A bedeckt die Fläche eines kleinen Dreiecks (1 Dr).

Die Figur B bedeckt eine Fläche von 14 kleinen Dreiecken (14 Dr).

Das siehst du, wenn du auf dem Papier die Figur in lauter kleine Dreiecke zerlegst.

Wir sagen: „Die Figur B ist 14 Dr groß."

① Spanne und zeichne Figuren, die 17 Dr groß sind.
Zerlege die gezeichneten Figuren jeweils in kleine Dreiecke (Dr).
Färbe die Flächen.

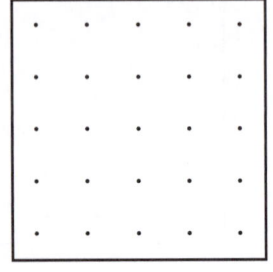 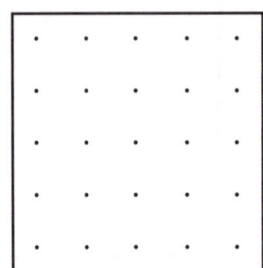 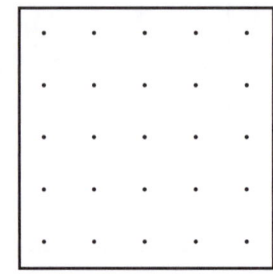 

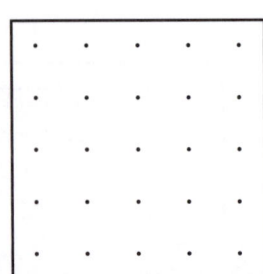 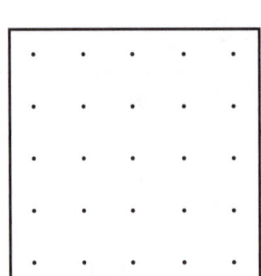 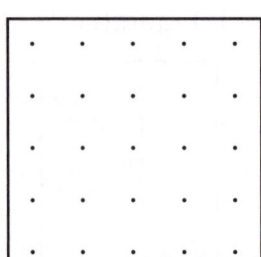 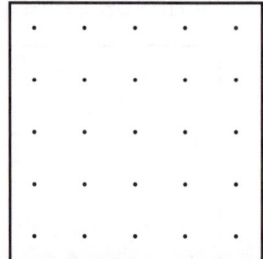

② Spanne und zeichne Figuren, die 20 Dr groß sind.

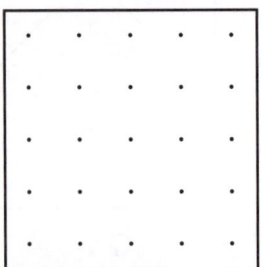 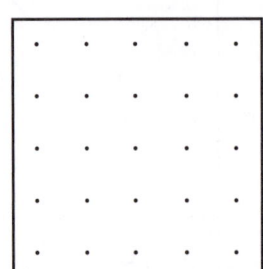 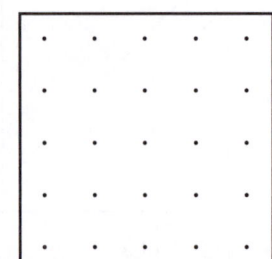 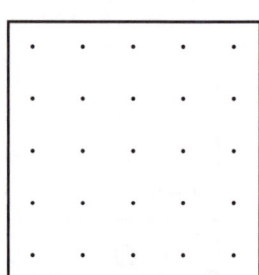

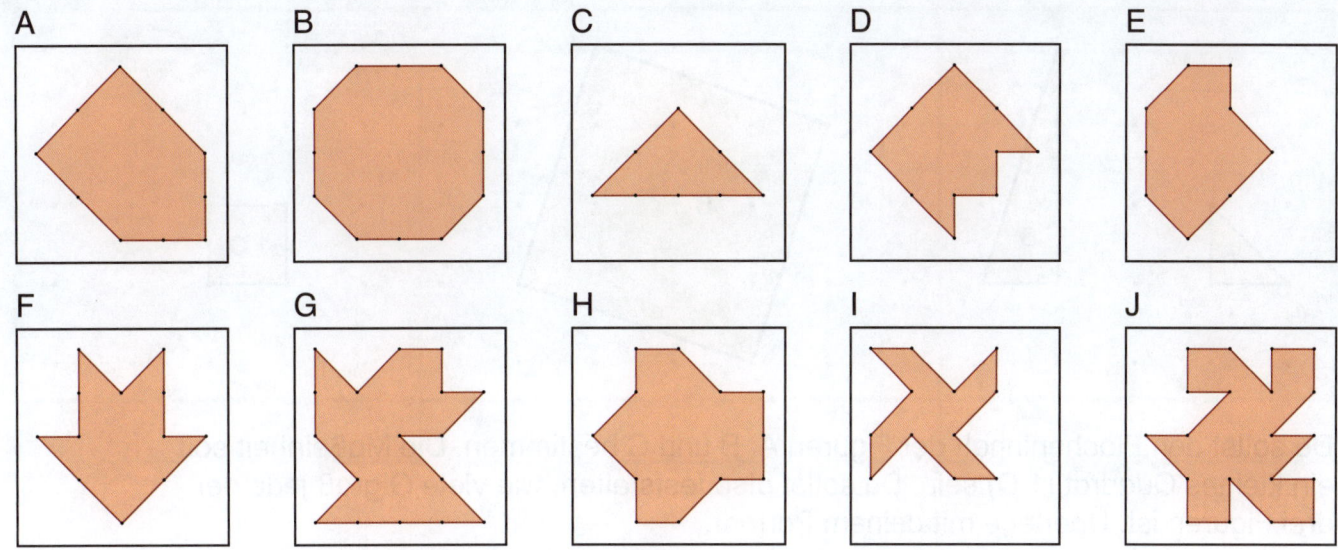

Spanne und zeichne die Figuren A bis J. Zerlege die gezeichneten Figuren in
kleine Dreiecke (Dr). Trage dann den Flächeninhalt (Anzahl der Dr) in die Tabelle ein.

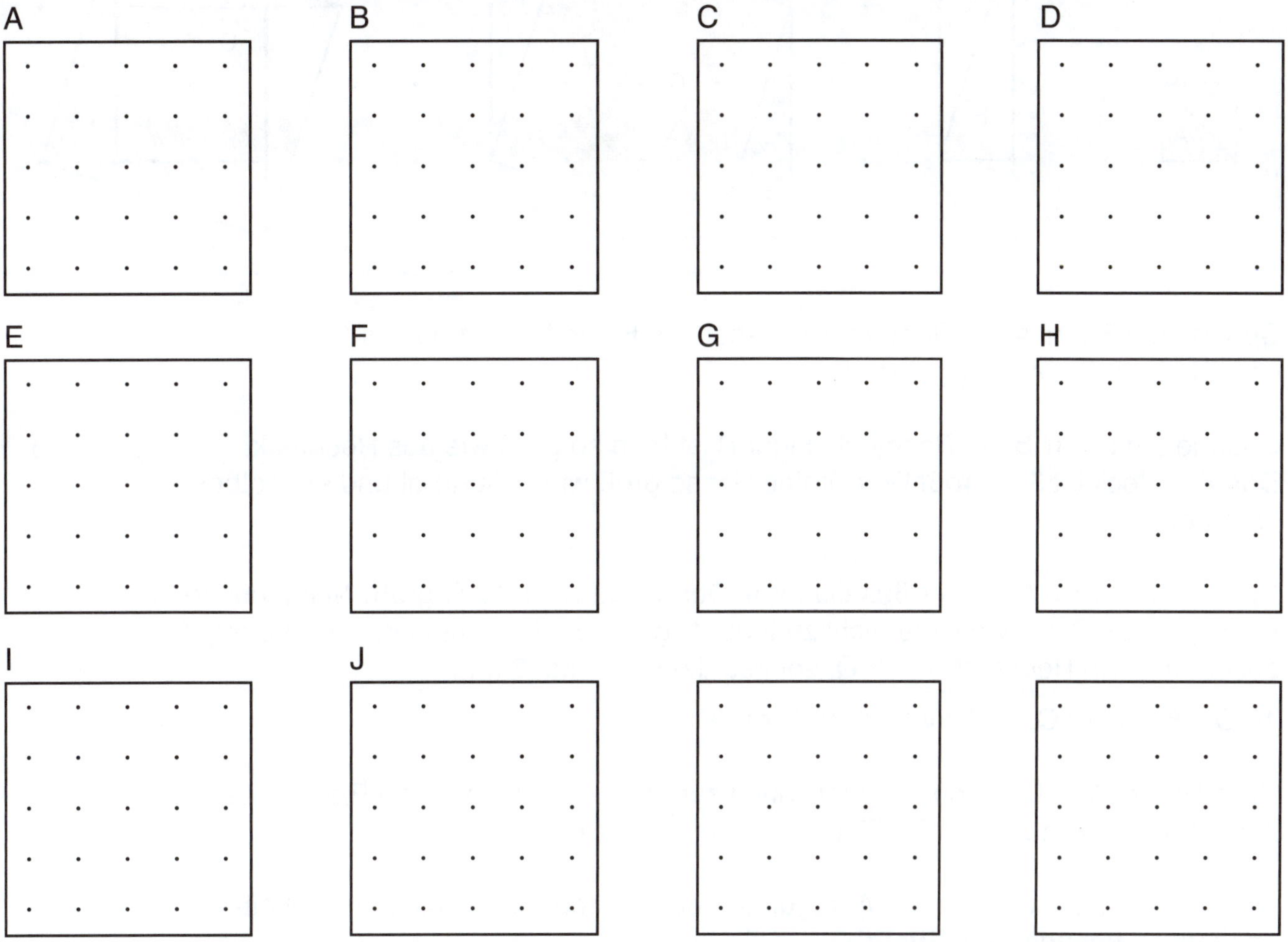

A

B

C

D

E

F

G

H

I

J

Figur	A	B	C	D	E	F	G	H	I	J
Flächen-inhalt	Dr	Dr	Dr	Dr	Dr	Dr	Dr	Dr	Dr	Dr

Ordne die Figuren A bis J nach dem Flächeninhalt. Beginne mit der größten Fläche.

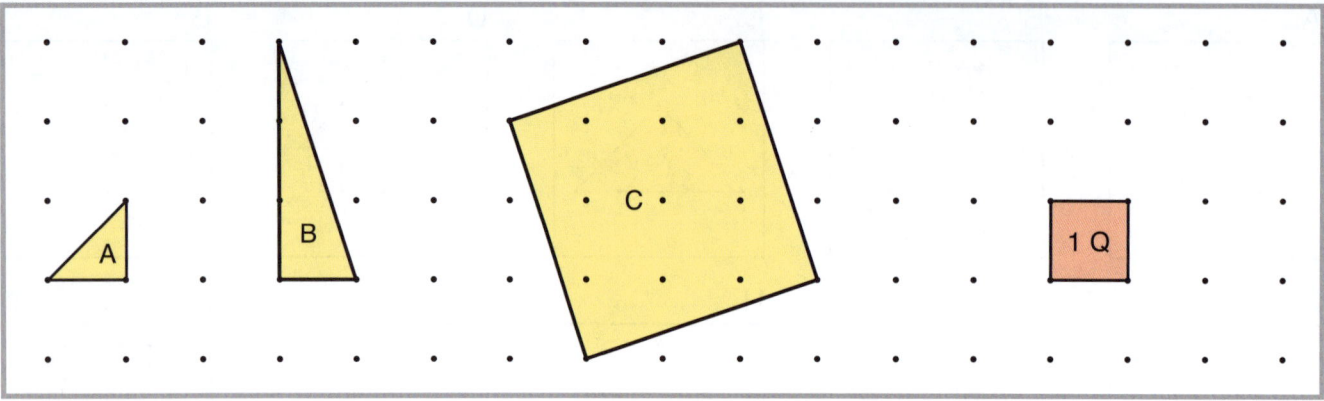

Du sollst den Flächeninhalt der Figuren A, B und C bestimmen. Die Maßeinheit soll ein kleines Quadrat (1 Q) sein. Du sollst also feststellen, wie viele Q groß jede der drei Figuren ist. Überlege mit deinem Partner.

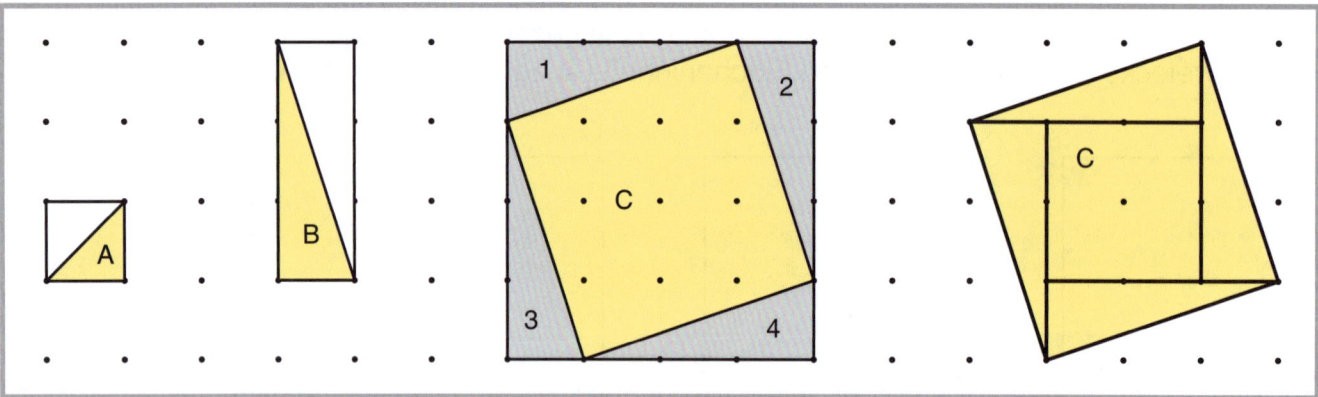

Spanne um **Figur A** ein Quadrat. Du siehst, die Figur A ist halb so groß wie das Quadrat. Figur A ist $\frac{1}{2}$ Q groß.

Spanne um **Figur B** ein Rechteck. Figur B ist halb so groß wie das Rechteck. Das Rechteck ist 3 Q groß. Das Dreieck ist so groß wie 1 Quadrat und ein halbes Quadrat (1 $\frac{1}{2}$ Q).

Spanne um **Figur C** ein großes Quadrat. Das Quadrat ist 16 Q groß. Nimm davon in Gedanken die Teile weg, die nicht zu Figur C gehören. Die Dreiecke 1 und 2 ergeben zusammen ein Rechteck von 3 Q, ebenso die Dreiecke 3 und 4.

16 Q – 6 Q = 10 Q.   Figur C ist 10 Q groß.

Ein zweiter Weg: Du kannst Figur C auch zerlegen, die Dreiecke zu Rechtecken zusammensetzen … Welche Flächengröße ergibt sich jetzt?

Nun hast du sicher genügend Anregungen bekommen, um selbstständig weiter-knobeln zu können. Viel Erfolg!

Der Flächeninhalt der Figuren A, B und C ist hier in der Tabelle festgehalten.

Figur	A	B	C
Flächeninhalt	$\frac{1}{2}$ Q	1 $\frac{1}{2}$ Q	10 Q

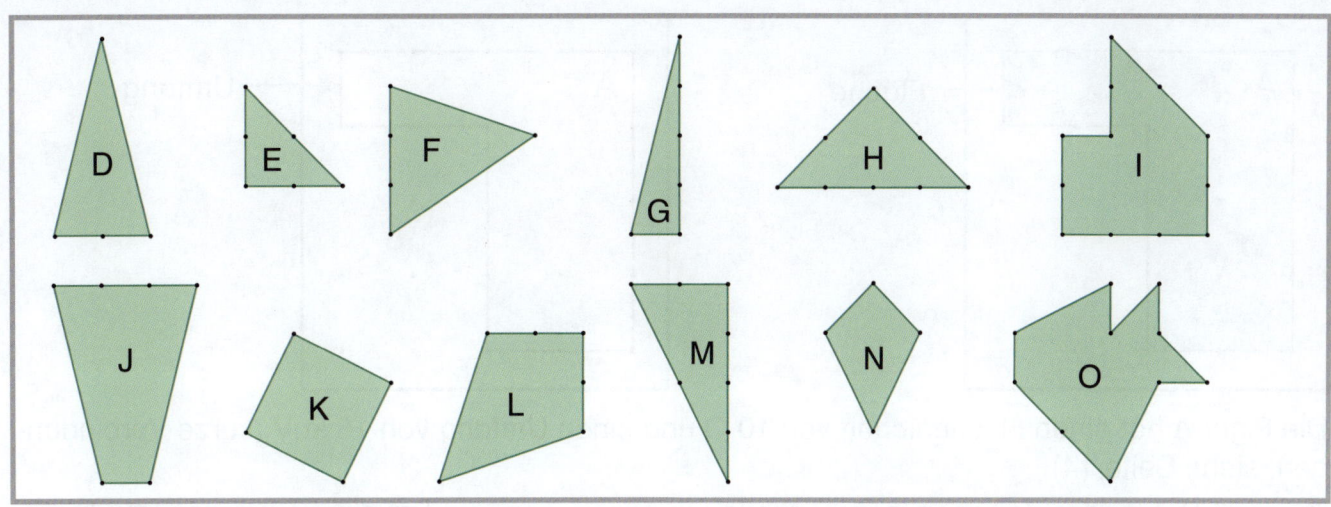

Spanne und zeichne die Figuren D bis O.
Färbe die Flächen und bestimme den Flächeninhalt in Q.

Figur	D	E	F	G	H	I	J	K	L	M	N	O
Flächeninhalt	Q											

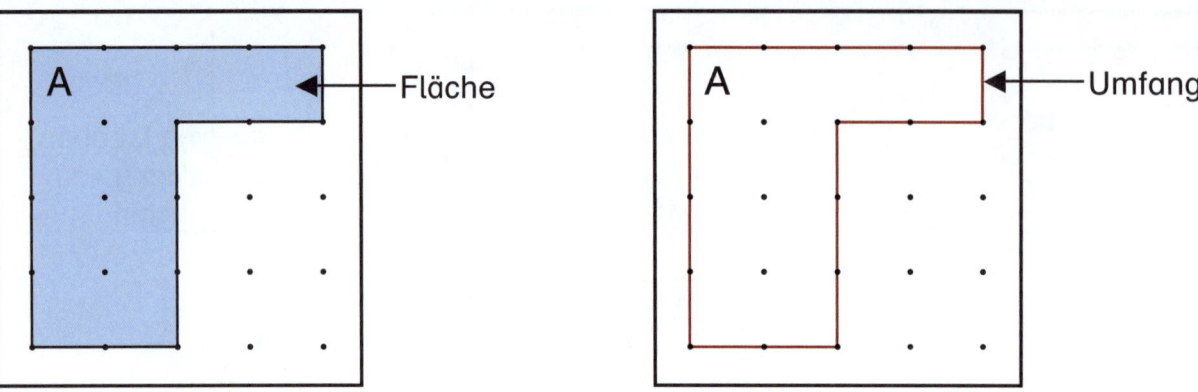

Die Figur A hat einen Flächeninhalt von 10 Q und einen Umfang von 16 kuV (kurze Verbindungen, siehe Seite 14).

Trage die fehlenden Angaben in die Tabelle ein oder spanne und zeichne Figuren nach den Angaben der Tabelle.

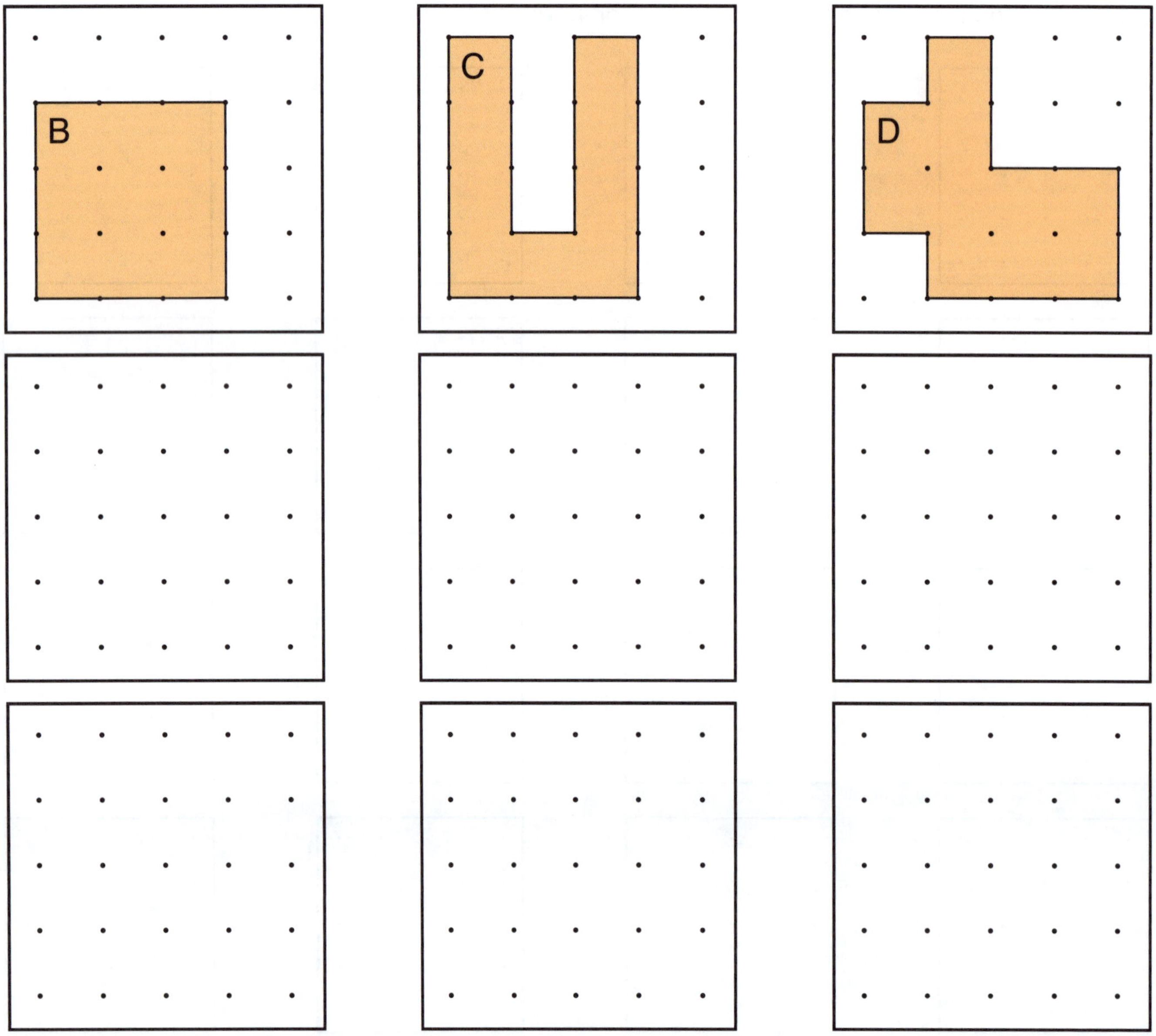

Figur	A	B	C	D	E	F	G	H	I	J
Flächen-inhalt	10 Q	Q	Q	Q	Q	Q	Q	12 Q	12 Q	12 Q
Umfang	16 kuV	kuV	kuV	kuV	14 kuV	14 kuV	14 kuV	kuV	kuV	kuV

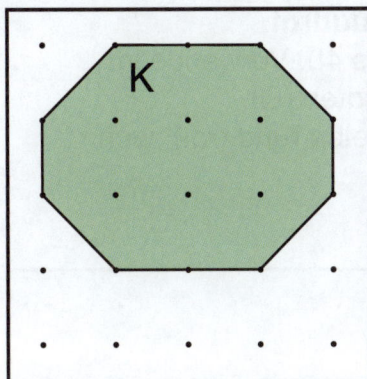

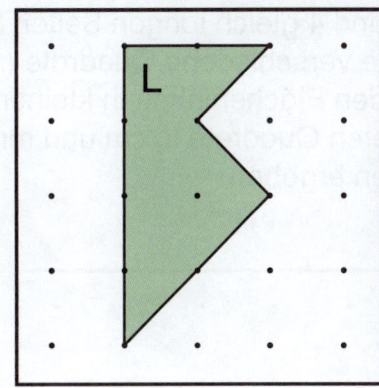

Die Figuren K und L haben jeweils einen Umfang von 6 kuV (6 kurze Verbindungen) und 4 laV (4 lange Verbindungen).

① Spanne und zeichne noch sechs Figuren mit einem Umfang von 6 kuV und 4 laV. Trage in die Tabelle den Flächeninhalt in Q ein.

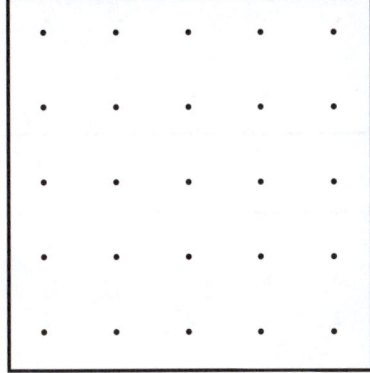

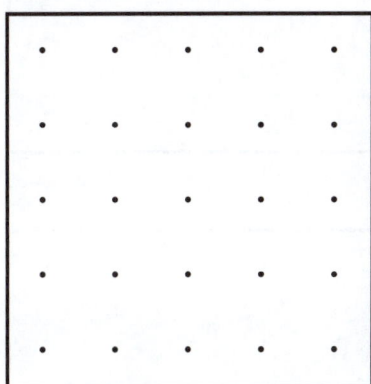

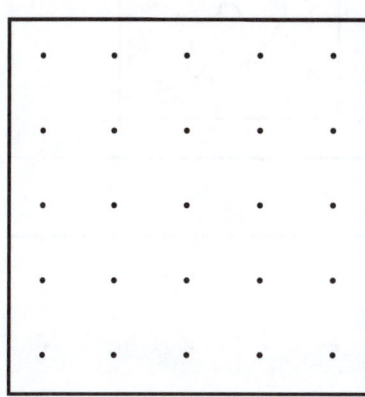

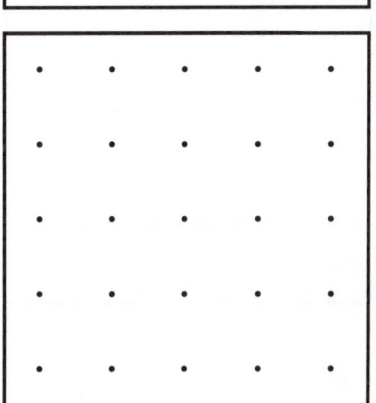

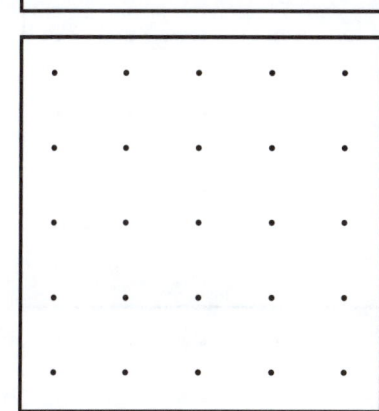

② Spanne und zeichne drei Figuren mit einem Umfang von 4 kuV und 6 laV.

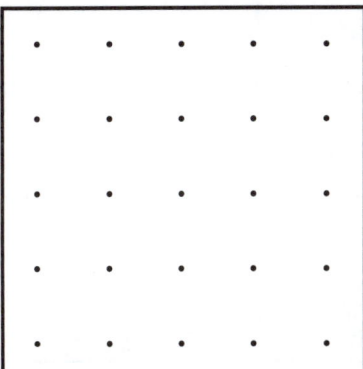

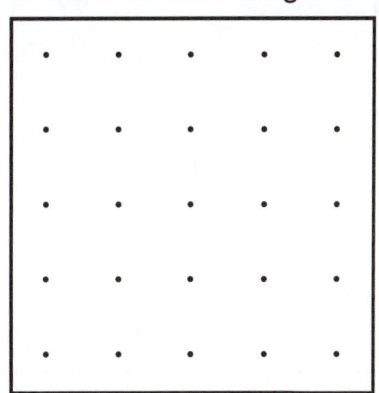

③ Trage den Flächeninhalt der Figuren K, L, M … in die Tabelle ein.

Figur	K	L	M	N	O	P					
Flächen-inhalt	Q	Q	Q	Q	Q	Q	Q	Q	Q	Q	Q

53

27. Das Quadrat – Ein besonderes Viereck

Ein Viereck mit 4 rechten Winkeln und 4 gleich langen Seiten heißt **Quadrat**.
Spanne und zeichne möglichst viele verschiedene Quadrate (mehr als 4!). Verwende im
Zweifel den Faltwinkel. Bestimme den Flächeninhalt in kleinen Quadraten (Q).
Miss den Umfang deiner gezeichneten Quadrate in cm und mm. Schreibe rund (rd.), wenn
sich keine genauen Millimeterzahlen ergeben.

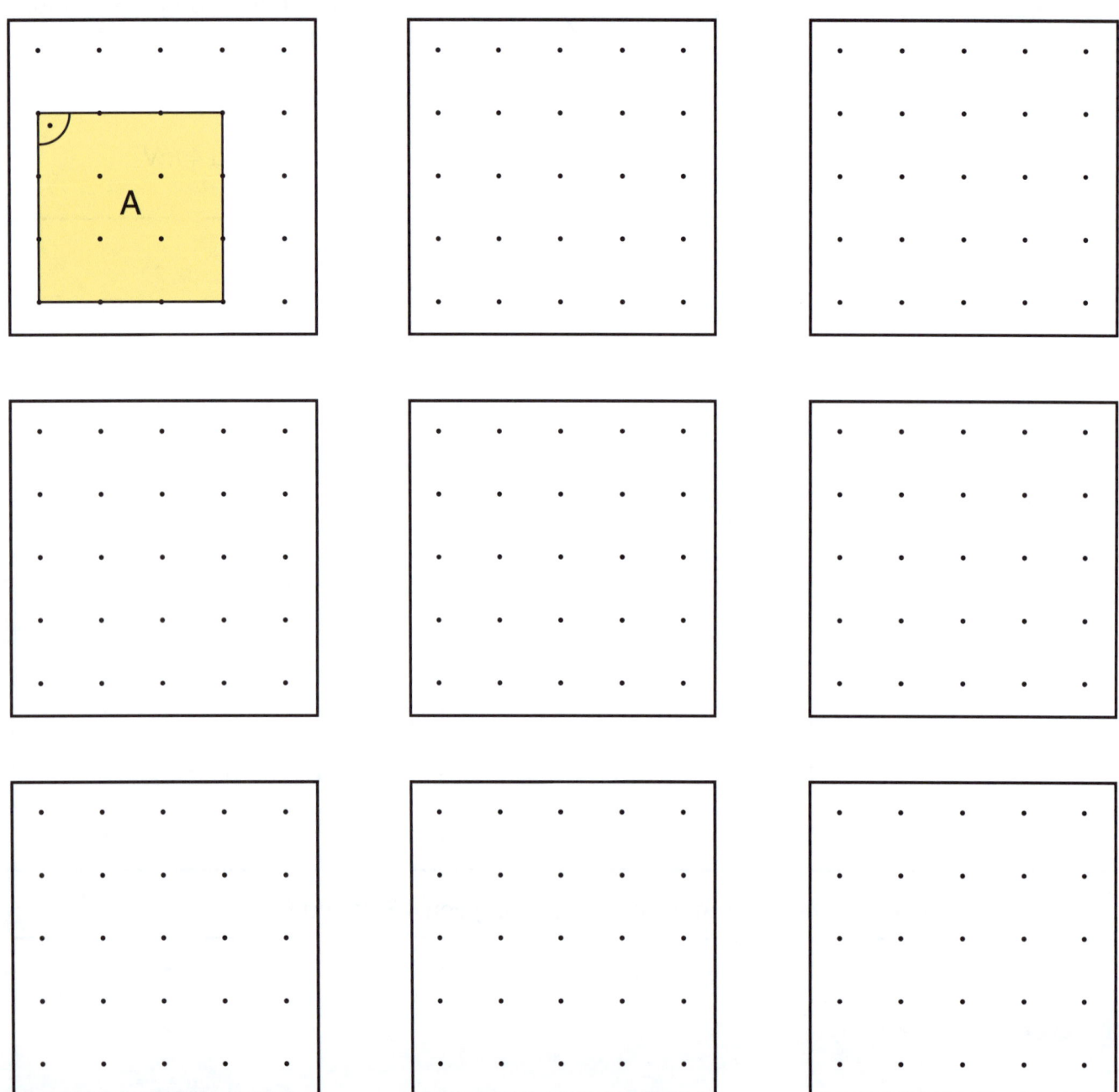

Quadrat	Flächen-inhalt	Umfang	
A	9 Q	12 cm	0 mm
B			
C			
D			

Quadrat	Flächen-inhalt	Umfang
E		
F		
G		
H		

28. Rechtecke

Ein Viereck mit je zwei parallelen Seiten und vier rechten Winkeln heißt Rechteck.

Spanne und zeichne möglichst viele verschiedene Rechtecke, die **keine** Quadrate sind.
(Die Quadrate gehören ja auch zu den Rechtecken.)
Bestimme Flächeninhalt und Umfang wie Seite 54.

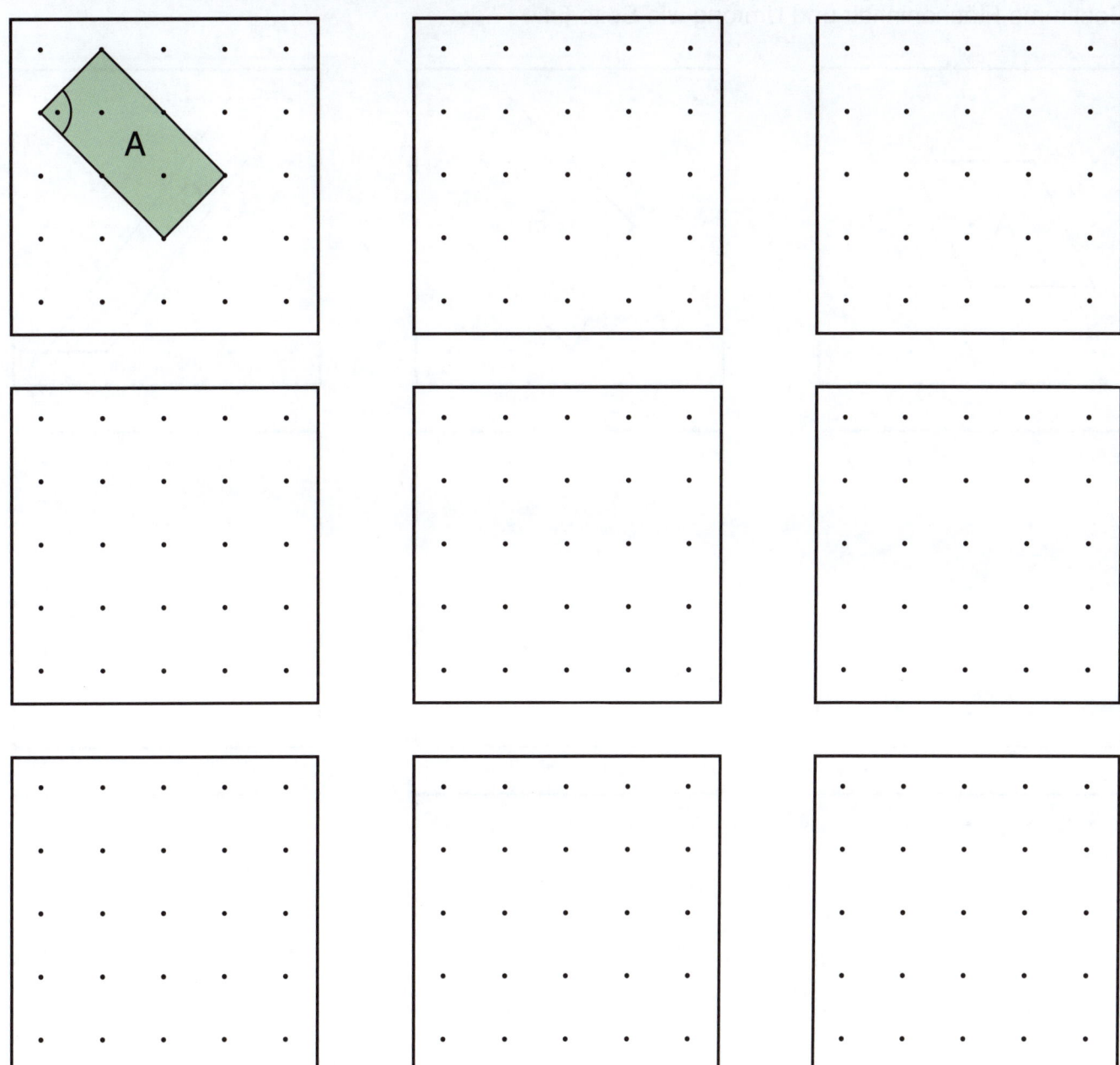

Rechteck	Flächen-inhalt	Umfang	
A	4 Q	8 cm	4 mm
B			
C			
D			

Rechteck	Flächen-inhalt	Umfang
E		
F		
G		
H		

Überlege: Wodurch unterscheiden sich Rechtecke von Quadraten?

29. Parallelogramme

Parallelogramme sind Vierecke, bei denen jeweils die zwei gegenüberliegenden Seiten **parallel** zueinander verlaufen (im Beispiel rot und blau). Zu den Parallelogrammen gehören auch Quadrate und Rechtecke. Überlege warum!

Spanne und zeichne möglichst viele verschiedene (nicht deckungsgleiche) Parallelogramme. Da du Rechtecke und Quadrate schon untersucht hast, kannst du diese hier weglassen. Bestimme Flächeninhalt und Umfang wie Seite 54.

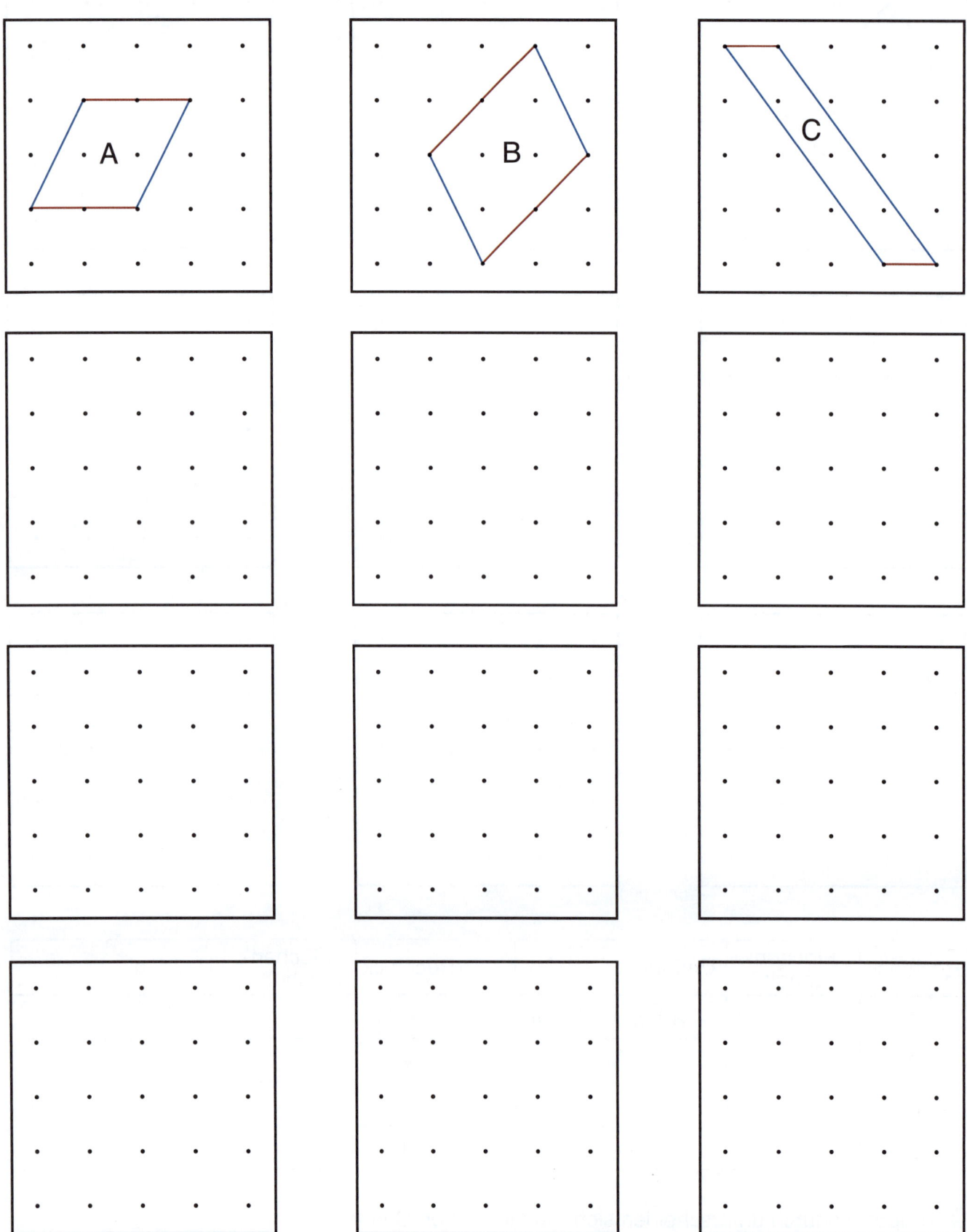

Parallelo-gramm	Flächeninhalt	Umfang
A	4 Q	rd. 8 cm 4 mm
B	6 Q	
C	4 Q	
D		
E		
F		
G		
H		
I		
J		

Parallelo-gramm	Flächeninhalt	Umfang
K		
L		
M		
N		
O		
P		
R		
S		
T		
U		

30. Trapeze

Ein Viereck, das **mindestens** ein paar zueinander parallele Seiten hat, heißt **Trapez**. Zu den Trapezen gehören danach auch die Parallelogramme, da diese ja zwei Paar zueinander parallele Seiten haben.

Spanne und zeichne nur Trapeze mit genau einem Paar parallele Seiten, also keine Parallelogramme. Bestimme Flächeninhalt und Umfang wie Seite 54.

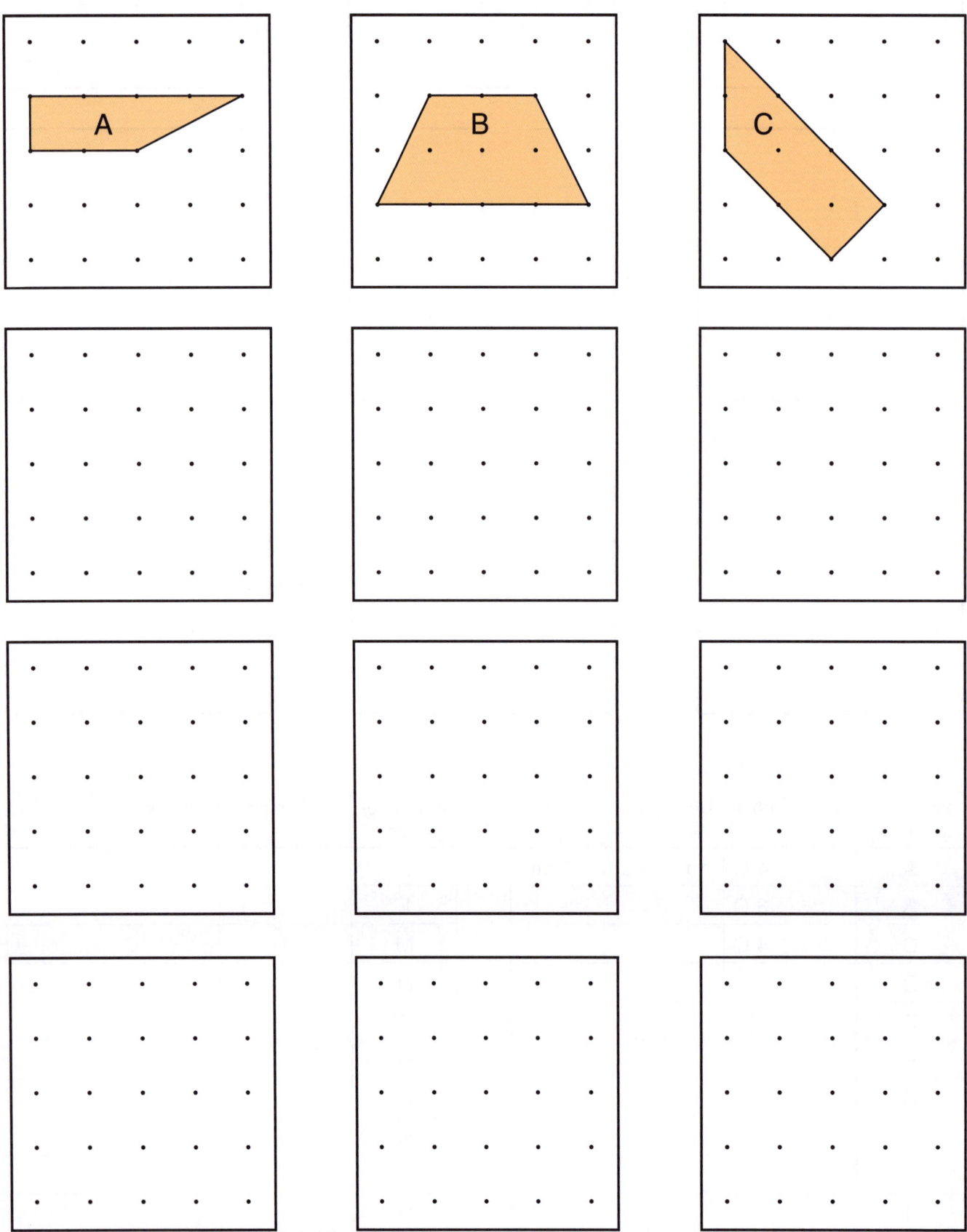

Trapez	Flächen-inhalt	Umfang	Trapez	Flächen-inhalt	Umfang
A	3 Q	rd. 9 cm 3 mm	K		
B			L		
C			M		
D			N		
E			O		
F			P		
G			R		
H			S		
I			T		
J			U		

Figuren mit vier Ecken ohne Seiten, die zueinander parallel verlaufen, haben keinen besonderen Namen. Sie heißen einfach **Viereck**.

Spanne und zeichne solche Vierecke **ohne** parallele Seitenpaare. Bestimme Flächeninhalt und Umfang wie Seite 54. Die Zeichnung von Viereck A enthält Anregungen zum Bestimmen des Flächeninhaltes (rote Linien).

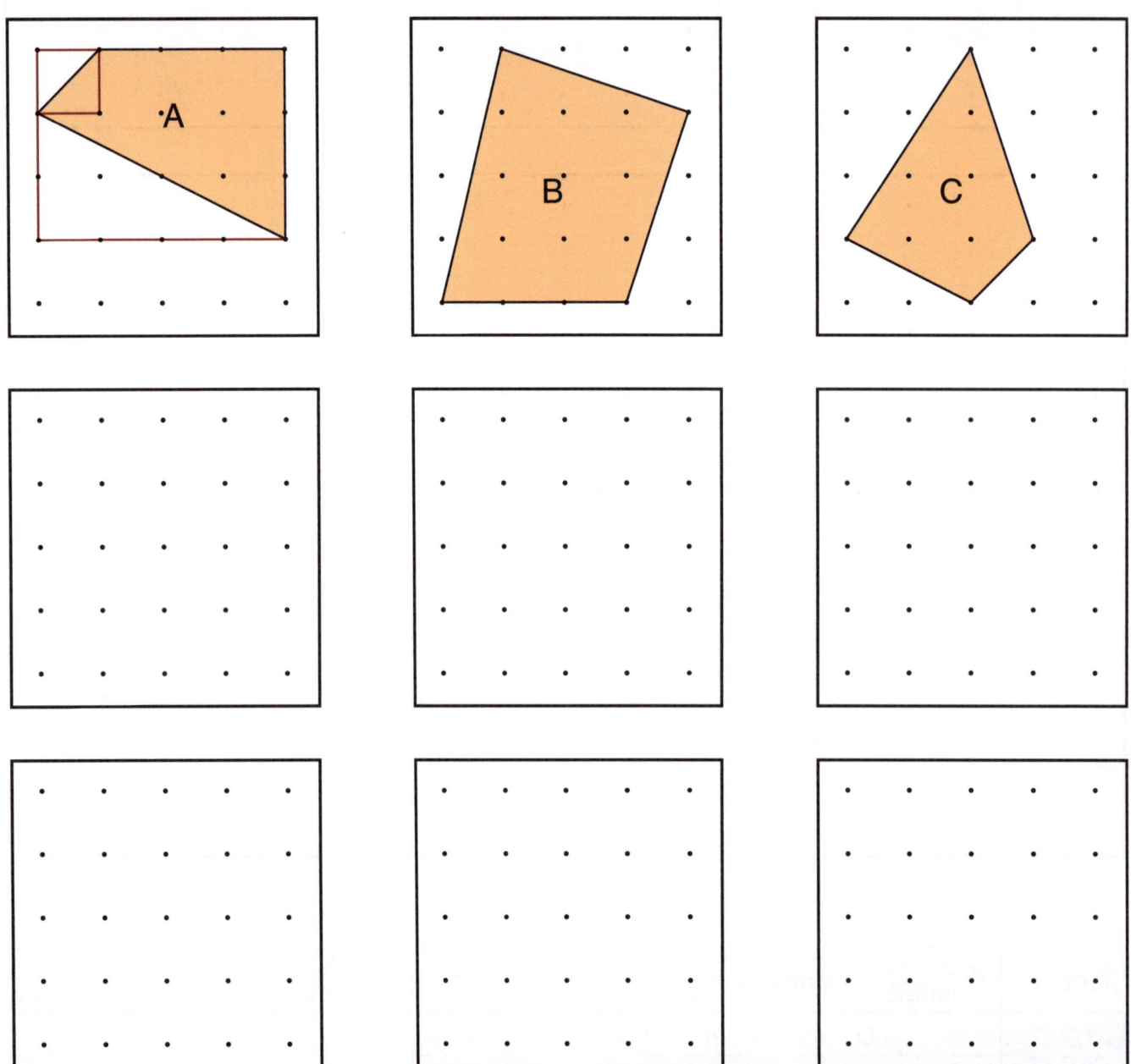

Viereck	Flächen-inhalt	Umfang
A	$7\frac{1}{2}$ Q	rd. 11 cm 9 mm
B		
C		
D		
E		

Figur	Flächen-inhalt	Umfang
F		
G		
H		
I		

32. Vielecke und ihre Diagonalen

Spanne und zeichne jeweils noch zwei Vierecke, Fünfecke und Sechsecke.
Zeichne **alle Diagonalen** ein. Einige Diagonalen sind bereits eingezeichnet.
Merke: Die Diagonale ist die Verbindung von zwei nicht benachbarten Ecken.

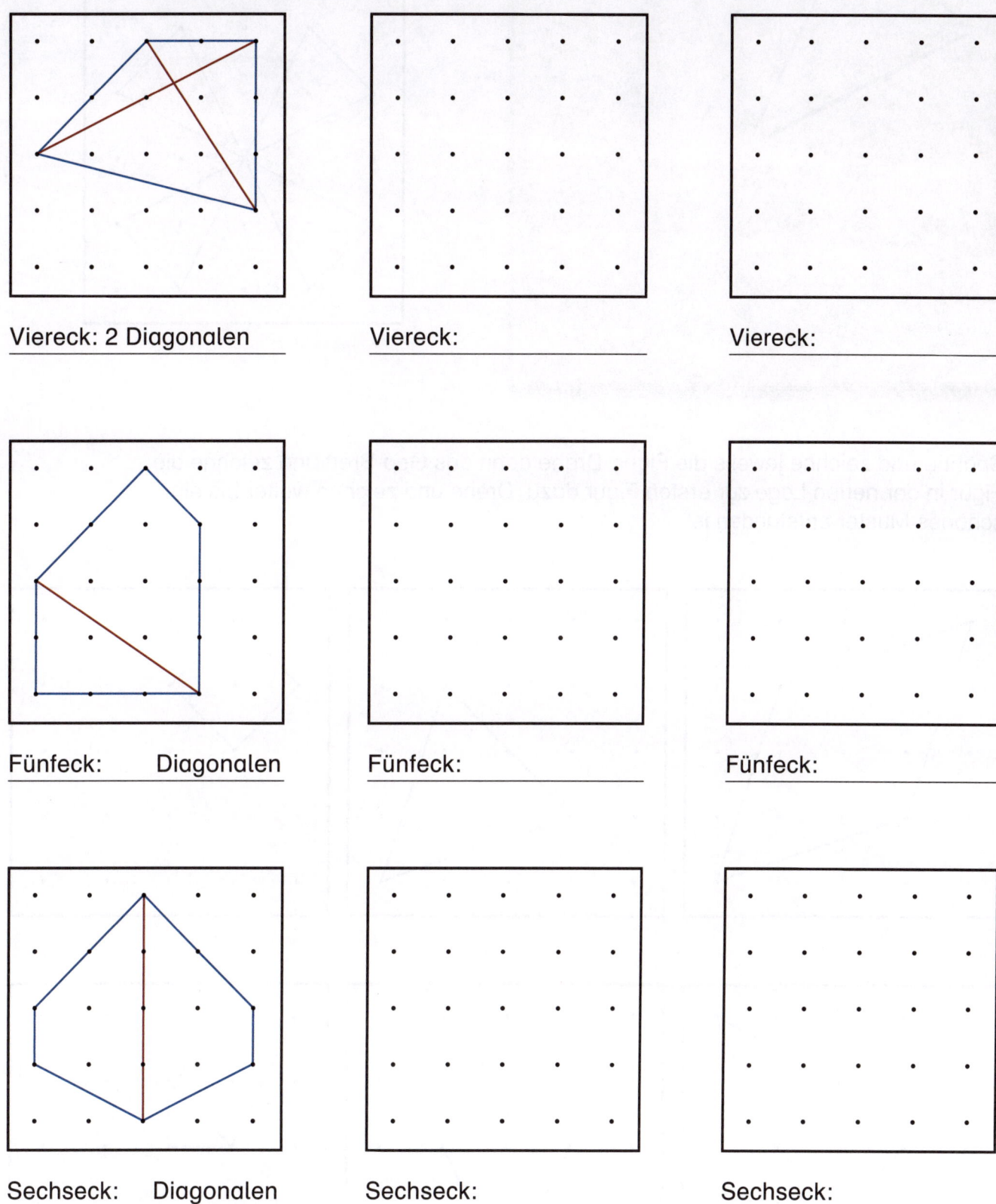

Viereck: 2 Diagonalen

Viereck:

Viereck:

Fünfeck: Diagonalen

Fünfeck:

Fünfeck:

Sechseck: Diagonalen

Sechseck:

Sechseck:

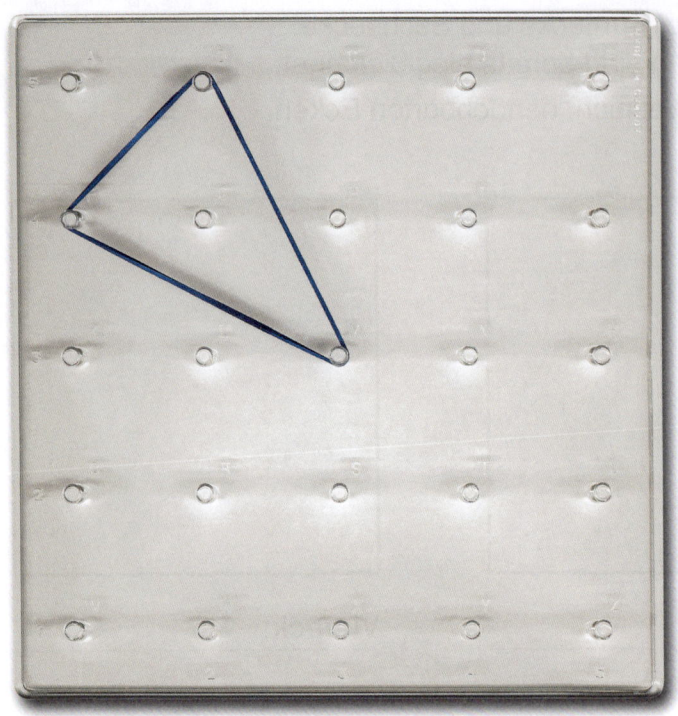

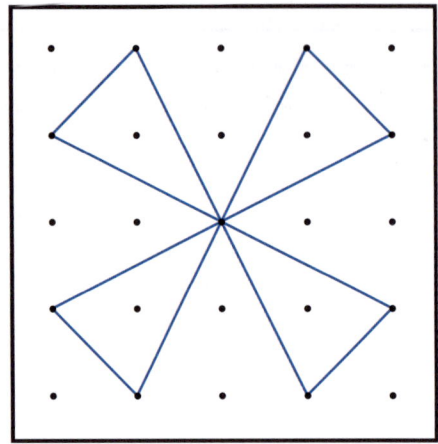

Spanne und zeichne jeweils die Figur. Drehe dann das Geo-Brett und zeichne die Figur in der neuen Lage zur ersten Figur dazu. Drehe und zeichne weiter bis ein schönes Muster entstanden ist.

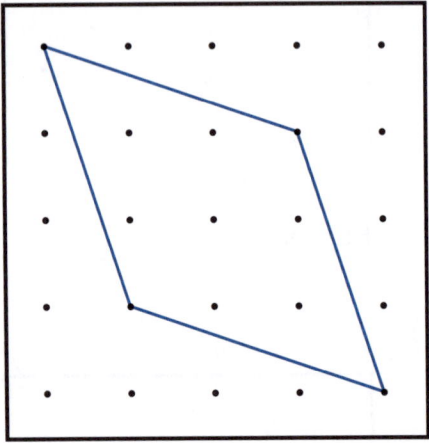

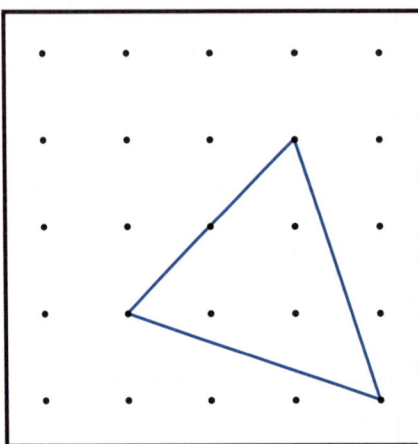

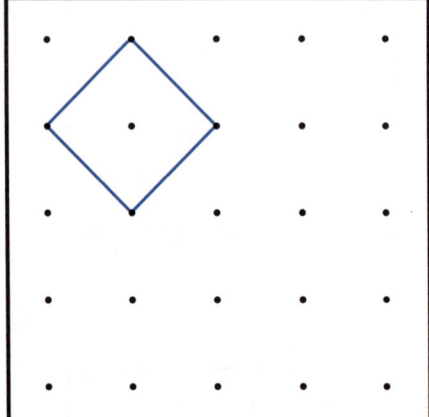

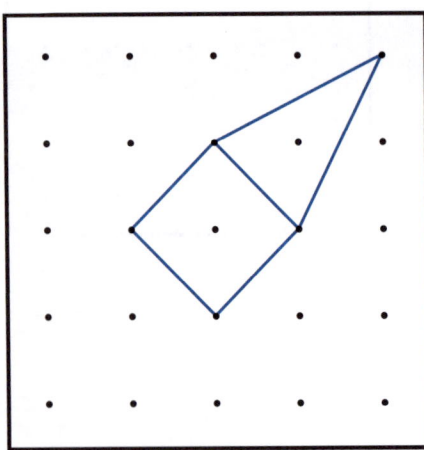

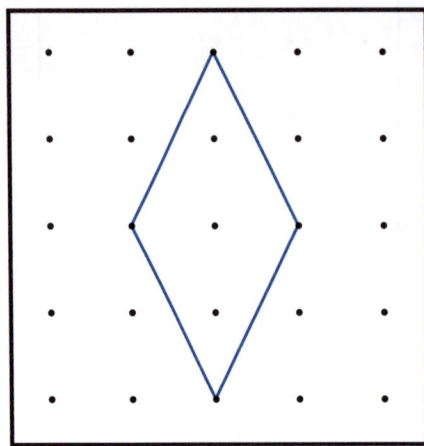

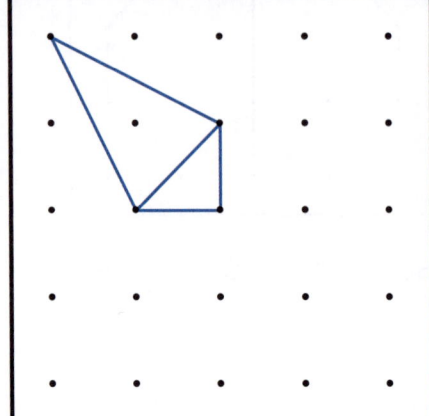

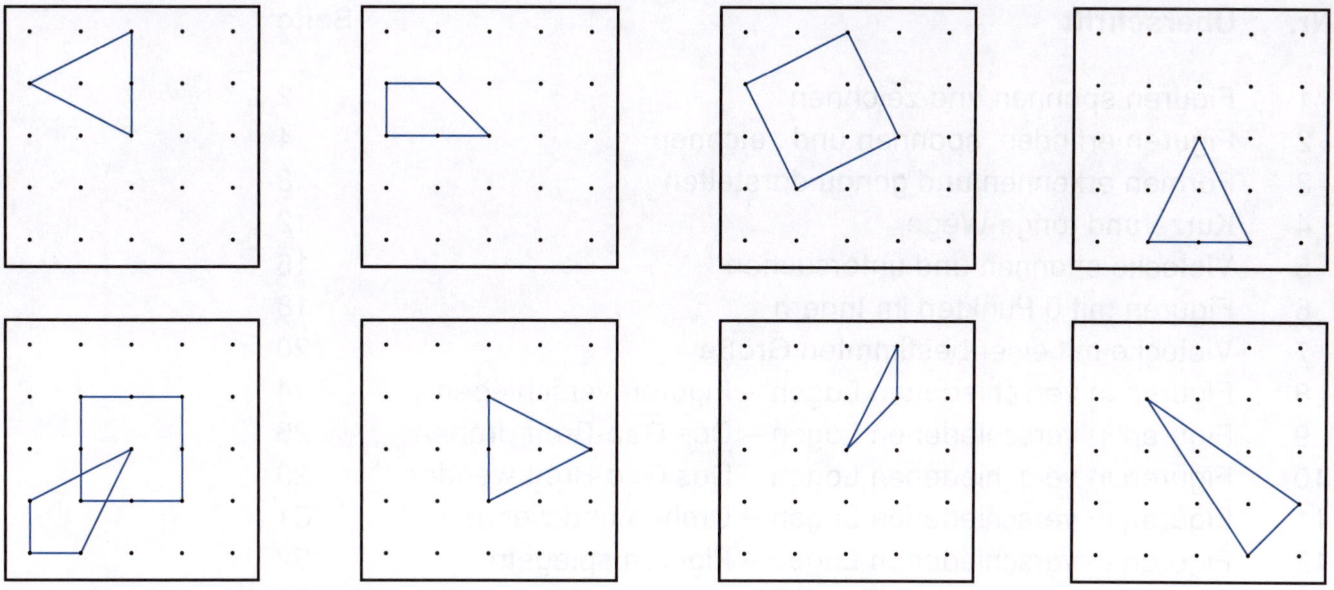

Erzeuge mit diesen Figuren durch Drehen schöne Muster. Spanne und zeichne.

Inhalt

Zum Arbeitsheft gehört:
Geo-Brett, 15 x 15 cm, 5 x 5 Stifte, transparent,
mit 25 Gummiringen in verschiedenen Farben und Größen
Bestell-Nr. 250-21 ISBN 978-3-619-02521-3